Jung bleiben beim Älterwerden

Mit den Jahren Glück und Gesundheit bewahren

Lisa Winger

Consult Verlag

Haftungsausschluss

Die Benutzung dieses Buches und die Umsetzung der darin enthaltenen Informationen erfolgt ausdrücklich auf eigenes Risiko. Eine Haftung der Autorin beziehungsweise des Verlags für jegliche Personen-, Sach- und Vermögensschäden ist daher ausgeschlossen. Alle Ratschläge in diesem Buch wurden sorgfältig erwogen und geprüft. Der Verlag und auch die Autorin übernehmen allerdings keine Haftung für die Aktualität, Richtigkeit und Vollständigkeit der Inhalte des Buches, ebenso nicht für Druckfehler und Falschinformationen. Rechts- und Schadenersatzansprüche sind ausgeschlossen.

Bei allen gesundheitlichen Belangen wird dringend die Konsultation von Ärzten bzw. Psychotherapeuten angeraten.

Für die Inhalte von den in diesem Buch abgedruckten Internetseiten sind ausschließlich die Betreiber der jeweiligen Internetseiten verantwortlich.

Vorwort

Jeder will alt werden, aber niemand möchte alt sein.

Unbekannt

Dieses Sprichwort bringt das Thema „Älter werden“ wohl ziemlich gut auf den Punkt. Ein langes Leben wünscht sich fast jeder. Doch was das bedeutet, damit setzt sich kaum jemand gern auseinander. Die Assoziationen mit alten Menschen sind zu sehr besetzt von runzeligen Gesichtern, wackligen Rollatoren, prall gefüllten Tablettenschachteln und verlegten Hörgeräten, die man nach stundenlangem Suchen in der Sofaritze wieder findet.

Dabei hat das Alter auch so viel Schönes und Aufregendes zu bieten!

Lasst uns mit den überholten Vorurteilen aufräumen und endlich ehrlich über das Alter reden. Uns alle trifft das gleiche Schicksal: Wir können das Fortschreiten der Zeit nicht verhindern. Wie jeder Lebensabschnitt birgt auch das Alter Herausforderungen, aber auch ganz neue und einzigartige Möglichkeiten.

- Was kommt an körperlichen Veränderungen auf mich zu?
- In welchen Bereichen wird sich mein Leben grundlegend verändern und wie gehe ich damit um? Wie bleibe ich auch im Alter gesund und fit?
- Habe ich auch im Alter noch die Chance, neue Erfahrungen zu machen?
- Was sind die unschlagbaren Vorteile des Älterwerdens?

Auf alle diese Fragen und noch viele mehr findest du Antworten in diesem Ratgeber.

Er wird dich dabei unterstützen, Unsicherheiten zu beseitigen und Ängste vor dem Älterwerden zu überdenken. So kannst du der neuen Etappe deines Lebens mit einem Lächeln auf den Lippen entgegengehen.

Ein Hinweis vorab:

Aus Gründen der Lesbarkeit wird in diesem Buch auf geschlechtsspezifische Formulierungen verzichtet. Männliche und weibliche Formen sind geschlechtsneutral zu verstehen.

Kapitel 1

Einleitung

Das Alter nimmt dir nichts, was es dir nicht erstattet.

Friedrich Rückert

Bei einem Gang durch die Kosmetikabteilung im Drogeriemarkt kann es einem fast so vorkommen, als sei das Altern kein natürlicher und völlig normaler Vorgang, sondern eine schreckliche Krankheit, die dringend bekämpft werden muss. Anti-Aging-Cremen ziehen in einen unerbittlichen Kampf gegen Falten, Haarfärbungen werben mit „perfekter Grauabdeckung" oder für „einen effektiven Kampf gegen Haarausfall", und verschiedene Masken, Gels und Lotionen wollen für „straffere und jüngere Haut" sorgen. Anscheinend soll optisch möglichst nicht zu erkennen sein, wie viel Zeit wir schon auf dieser Erde verbracht haben.

Es verwundert kaum, dass die meisten Leute hartnäckig gegen ihr eigenes Alter ankämpfen. Von den Werbeplakaten lächeln uns nur junge, schlanke, attraktive Menschen an. Jung sein, heißt schön sein, heißt Spaß haben, heißt fit sein! Und was heißt alt sein? Faltig sein? Gebrechlich sein? Griesgrämig sein? Eine pure Schreckensvorstellung. Besser nicht allzu lange darüber nachdenken, sagen sich viele und blenden den Lauf der Zeit einfach bewusst aus.

Warum bestehen über die ältere Generation so viele hartnäckige Vorurteile? Eigentlich mutet das ziemlich paradox an, da die jungen Leute von heute morgen selbst alt sein und sich in der exakt gleichen Situation wiederfinden werden.

Mit zwanzig Jahren glauben wir, Vierzigjährige seien Greise, mit vierzig Jahren denken wir das Gleiche über Sechzigjährige. Mit sechzig wiederum fühlen wir uns fitter als je zuvor und bemitleiden die Achtzigjährigen...

Dabei weiß niemand so genau, ab wann man offiziell alt ist, vermutlich deshalb, weil es auch niemand wissen will. Der US-amerikanische Philanthrop Bernard Mannes Baruch hat einmal gesagt: „Altsein heißt für mich immer: Fünfzehn Jahre älter als ich!" Wir wären am liebsten unser ganzes Leben lang jung, bis wir schließlich sterben.

Dieser Gedanke kann jedoch nur eine unerfüllte Fantasie bleiben. Jahr für Jahr werden wir älter. Und das ist nicht nur gar nicht schlimm, sondern oft sogar der reinste Segen!

Sicher, mit zwanzig hattest du vielleicht noch dichteres Haar, aber dafür warst du dir auch in vielen Dingen noch sehr unsicher, wo du jetzt klarer siehst. Du büßt von Jahr zu Jahr ein wenig von deinem jugendlichen Übermut ein, aber dafür wirst du auch immer gelassener und ruhiger. Vieles, was dir früher Angst gemacht hat, kannst du jetzt locker bewältigen und so manches bringt dich vielleicht jetzt sogar zum Schmunzeln.

Ingmar Bergmann, der schwedische Drehbuchautor und Regisseur hat einmal gesagt: „Mit dem Altwerden ist es wie mit dem Bergsteigen: Je höher man steigt, desto mehr schwinden die Kräfte – aber umso weiter sieht man."

Fast alle Kinder träumen davon, „endlich groß" zu sein. In ihren Augen ist das Erwachsenendasein die Krönung der menschlichen Existenz. Diese Einschätzung begründen sie mit Beobachtungen wie „Erwachsene können ins Bett gehen, wann sie wollen",

„Erwachsene können sich so viele Eiskugeln kaufen, wie sie möchten" oder „Erwachsene müssen nicht in die Schule gehen". Erwachsene wiederum wünschen sich bisweilen das unbeschwerte Kindheitsdasein zurück, in dem es weder Arbeitsstress noch unbezahlte Rechnungen, noch Beziehungsprobleme oder Streit mit der Vermieterin gab. Wenn man doch bloß die Zeit zurückdrehen könnte!

Kaum jemandem fällt auf, dass man die Zeit gar nicht zurückdrehen muss, um noch einmal Kind sein zu können. Im Grunde unterscheidet sich die erste Etappe des Lebens gar nicht so sehr von der letzten. Während man den Großteil seines Lebens durch Verpflichtungen gebunden ist, haben Kinder und Alte die Möglichkeit, ihre Zeit so zu nutzen, wie sie wirklich wollen. Wo sich Erwachsene mit Existenzängsten, Unsicherheiten und Selbstfindungskrisen auseinandersetzen, durchleben Kinder und

Alte meist eine viel unbeschwertere Lebensphase – sie können einfach sein, wie sie sind!

Wer vom Altern spricht, konzentriert sich dabei oft auf all das, was wir dabei verlieren und trauert etwa seiner körperlichen Fitness hinterher. Über die Dinge, die wir gewinnen wie Zeit, Freiheit, Selbstvertrauen oder Ruhe redet kaum jemand. Dabei eröffnen sich uns gerade im Alter plötzlich wieder ganz neue Perspektiven und Chancen.

Hören wir daher auf, das Altern lediglich als Verfall zu betrachten und beginnen wir damit, es als Entwicklungsstufe zu sehen. Altern ist nichts weiter als Veränderung. Nicht alle diese Veränderungen werden dir gefallen und es wird dir sicher schwerfallen, einige davon zu akzeptieren. Doch wie alle Veränderungen im Leben fordern sie dich heraus. Du kannst die Herausforderung ignorieren und krampfhaft versuchen, genau so weiterzuleben wie zuvor... oder du kannst sie annehmen und an diesen neuen Aufgaben wachsen! Dann wirst du feststellen, dass das Alter eine wunderschöne Lebenszeit sein kann, die du selbstbestimmt, stressfrei und entspannt gestalten kannst.

Die Statistiken sprechen für sich: Über 80 % der Menschen zwischen 65 und 85 Jahren gaben bei einer Umfrage an, sehr zufrieden mit ihrem aktuellen Leben zu sein. Du siehst also, dass die Horrorvorstellung eines lebensmüden, griesgrämigen Greises in den seltensten Fällen zutrifft. Tatsächlich haben Personen zwischen 40 und 50 Jahren emotional viel mehr mit ihrem eigenen Alter zu kämpfen als jene, die wirklich bereits im Rentenalter angelangt sind.

Ein Forscherteam der Universität von Chicago fand heraus, dass die Hilflosigkeit älterer Menschen überschätzt wird. Demnach sind viele von ihnen wesentlich unabhängiger und weniger auf die Hilfe und Freundlichkeit von Mitmenschen angewiesen als manche vermuten würden.

Da es vollkommen normal ist, Veränderungen, die das Alter unweigerlich mit sich bringt, mit einem mulmigen Gefühl im Bauch zu erwarten, soll dieses Buch unnötige Sorgen und Ängste nehmen und den Einstieg in die Lebensrealität des Alters erleichtern. Neben den positiven Seiten werden wir natürlich auch die anfallenden Probleme des Alters ansprechen und dir mit hilfreichen Ratschlägen zur Seite stehen.

Wir alle möchten lange gesund und glücklich leben. Das geht natürlich nicht ohne entsprechende Vorbereitung auf das Älterwerden. Glücklicherweise gibt es viele Möglichkeiten, um auch im fortgeschrittenen Alter ein erfülltes und zufriedenes Leben zu führen.

Das Alter hat viele positive Seiten, auch wenn diese auf den ersten Blick nicht so offensichtlich zu sein scheinen.

Ein paar Beispiele? Endlich hast du Zeit für deine Hobbys und bist nie mehr gestresst von deinem Beruf. Du kannst schlafen, solange du willst. Wenn du dir nicht wieder selbst Verpflichtungen auferlegst, kannst du tun und lassen was du möchtest, hast du mehr Zeit für Freunde und Familie und kannst hinreisen, wo immer du möchtest.

Gleichzeitig ist das Alter jene Zeit, in dem sich erstmals viele Dinge erschließen und Verständnis für Bereiche erlangt wird, zu denen uns in jüngeren Jahren der Zugang verwehrt blieb. Auch haben wir verstanden, wie wir uns mit dem abfinden, was wir nicht ändern können und glücklich mit dem sind, was gut läuft.

Natürlich begleitet das Alter auch Ängste. Wir alle fürchten uns davor, zum Pflegefall zu werden, an Krankheiten zu leiden und gebrechlich zu werden. Es ist nicht schön, wenn wir kein selbstbestimmtes Leben mehr führen können oder gar dement werden. Auch die Angst vor der Altersarmut ist ein Schreckgespenst.

Unweigerlich ist das Alter auch begleitet von Verlusten, Verfall, Schmerzen und der Notwendigkeit, Hilfe anzunehmen. Gleichzeitig haben wir die Entscheidungsmacht, wie wir auch im Alter mit all diesen Herausforderungen umgehen und auf welche Weise wir sie bewältigen.

Die Zeit nach Berufsende kann die längste Phase unseres Lebens sein und auch die glücklichste. Erforderlich dafür ist, dass wir sie bewusst, gesund, kreativ, positiv und möglichst ohne allzu großen Stresslevel gestalten.

Nun ist die Zeit, wo du alles hinter dir lassen und nochmals durchstarten kannst. Irgendwie ist das wie ein Neuanfang, den du nutzen und für den du dankbar sein solltest.

Heutzutage stehen die Chancen auf ein glückliches langes und gesundes Leben so gut wie nie zuvor. Wir leben immer länger und in unseren Breiten auch in Frieden, relativem Wohlstand und bester medizinischer Versorgung. Auch wenn wir nicht ewig leben werden, so zumindest unter den günstigsten nur denkbaren Voraussetzungen.

Kapitel 2

Was geschieht beim Alterungsprozess?

Man wird alt, wenn die Leute anfangen zu sagen, dass man jung aussieht.

Karl Dall

Das Thema „Altern“ wirft viele Fragen auf. Was genau passiert eigentlich im menschlichen Körper, wenn er älter wird?

Der Körper ist ein komplexer Organismus mit einer großen Anzahl von Funktionen. Es ist nicht ungewöhnlich, dass Zellen oder Gewebe mit der Zeit Schäden oder Defekte erleiden. Wenn wir jung sind, sind solche Veränderungen weitgehend unproblematisch. Der Körper kann in diesem Lebensalter viele wieder reparieren. Diese Fähigkeit nimmt jedoch mit der Zeit ab. Folglich altert der Körper.

Von außen betrachtet, können wir beobachten, wie die Haut schlaffer wird, die Haarpracht ausdünnt und sich die Leistungsfähigkeit verringert. All diese sichtbaren Alterserscheinungen werden durch biochemische Prozesse in unserem Körper ausgelöst, die in ihrem ganz eigenen Rhythmus arbeiten. So kommt es, dass von zwei gleichaltrigen Freunden der eine bereits eine Glatze hat, während der andere noch seine volle Haarpracht vorweisen kann. Auch wenn wir objektiv betrachtet alle gleich schnell altern, durchläuft jeder Körper diesen Prozess in seinem eigenen Tempo.

Um das Phänomen des „Alterns" genau zu verstehen, müssen wir den Begriff erst einmal definieren.

2.1 Definition des Alterns

Das Altern ist ein biologischer Prozess, dem die meisten mehrzelligen Organismen ausgesetzt sind. Das bedeutet, dass alle Säugetiere und Reptilien sowie auch viele Pflanzen und Pilze davon betroffen sind, während Amöben, Algen und Gewebezellen nicht altern.

Was bedeutet es, wenn ein Organismus nicht altert? Nicht alternde Lebensformen sind nicht nur potenziell unsterblich, sondern zeichnen sich auch durch eine permanente und konstante Reproduktionsfähigkeit aus. Wissenschaftler gehen davon aus, dass sie ihre eigene Zell-DNA immer wieder erneuern können. Es gibt neben Einzellern auch Bäume, Pflanzen und sogar einige andere höhere Organismen, die nicht zu altern scheinen.

Eine tausendjährige Stieleiche produziert jedes Jahr aufs Neue Früchte und Blätter, die sich nicht im Geringsten von denen ihres hundertjährigen Nachbarbaumes unterscheiden lassen. Wenn der Baum nicht durch äußere Einflüsse wie Schädlingsbefall oder Naturkatastrophen stirbt, kann er theoretisch ewig leben.

Das Altern von Lebewesen bringt zwangsläufig die Veränderung gewisser Körperfunktionen mit sich und endet ausnahmslos mit deren biologischem Tod. Warum wir von Veränderung der Körperfunktionen reden und nicht gleich von deren Verlust? Ganz einfach: Auch wenn wir es manchmal vergessen, beginnt das Altern jeder Person direkt bei ihrer Geburt.

Die ersten 25 bis 30 Lebensjahre trägt die biologische Veränderung noch zur Entwicklung bei und erhöht die Vitalität einer Person. Danach beginnt das Altern, also der graduelle Abbau von Leistungsfähigkeit und Körperfunktionen bei gleichzeitiger Zunahme des Mortalitätsrisikos.

Altern allein ist übrigens KEINE Todesursache. Wir sterben nicht am Alter, sondern an dessen Begleiterscheinungen, zu denen unter anderem das erhöhte Risiko für Krebserkrankungen, Herzkrankheiten und Organversagen gehören.

Der US-amerikanische Biologe B. L. Stehler definiert das Altern auf der Grundlage von drei Faktoren:

- Altern ist universell. Bei allen alternden Organismen folgt der Verlauf des Älterwerdens den gleichen Gesetzen.
- Altern ist systemimmanent. Auch ohne äußere Einflüsse altert jedes Individuum.

- Altern ist irreversibel. Jeder Altersprozess, der bereits vonstattengegangen ist, lässt sich nicht wieder umkehren (egal, was die Hautcreme auf der Verpackung auch verspricht).

Obwohl der Alterungsprozess aller Mehrzeller nach diesen Bedingungen funktioniert, verläuft er dennoch bei jedem Individuum unterschiedlich. Während die Galapagos-Schildkröte Hunderte von Jahren erreichen kann, schafft es die Eintagsfliege auf nur wenige Stunden. Diese extremen Unterschiede zwischen verschiedenen Spezies sind klar genetisch bedingt.

Die unterschiedlichen Lebenserwartungen von Menschen sind jedoch nur zu circa 25 % auf die Gene zurückzuführen. Die restlichen 75 % werden durch äußere Einflüsse wie den individuellen Lebenswandel oder Unfälle bestimmt. Das genetisch bedingte Altern wird auch als das primäre Altern bezeichnet, das auf externe Einwirkungen zurückzuführende als sekundäres.

Über den genauen Zeitpunkt des Altersbeginns scheiden sich übrigens die Geister. Die einen legen den Eintritt ins Alter mit dem Beginn der Rente – also mit circa 65 Jahren – fest, andere behaupten, das Alter würde erst mit deutlichen Anzeichen von Altersschwäche beginnen. Es gibt somit keine universelle Definition dafür, wann ein Mensch alt ist.

Oft kommt es auch auf den Kontext an. Schon mit dreißig Jahren kann man sich alt fühlen, wenn man an einem Tisch mit ausschließlich Zwanzigjährigen sitzt. Trotzdem zählt man in diesem Fall im Vergleich zur Gesamtpopulation wohl kaum zu den Alten. Genauso kann sich ein Siebzigjähriger in einer Runde mit Neunzigjährigen durchaus noch frisch und jung fühlen.

Biologisch gesehen kann man bereits den fünfzigsten Geburtstag als einschneidende Altersgrenze nehmen, weil der Körper nach circa einem halben Jahrhundert bereits erste größere Verschleißerscheinungen zeigt. Viele Leute müssen zu diesem Zeitpunkt damit anfangen eine Brille zu tragen, weil die Sehkraft abnimmt. Spätestens jetzt ergrauen erste Haare oder fallen bei vielen Männern langsam, aber sicher aus.

Auf Frauen kommt die Menopause zu. Die Wahrscheinlichkeit, an einer schweren Krankheit wie Krebs zu erkranken, steigt. Noch schreitet dieser Prozess sehr langsam voran. Ab circa 70 Jahren nimmt er zusätzlich Fahrt auf und die körperliche Kondition verschlechtert sich zunehmend schneller.

„Man ist so alt, wie man sich fühlt" mag seltsam klingen, passt aber in diesem Kontext recht gut. Nicht zuletzt sind Termini wie Alter und Jugend auch soziale Konstrukte. Jemand, der die letzten drei Jahre gegen eine schwere Erkrankung gekämpft hat, wird sich vermutlich älter fühlen als ein gleichaltriger gesunder Mensch, weil ihn der Kampf gegen die Krankheit viel Energie gekostet hat.

Das Altern spürt man. Man fängt schon mit 30 Jahren an, es zu leise zu erahnen und man fühlt es früher oder später auf körperlicher und emotionaler Ebene immer deutlicher.

Die Anzahl der Jahre ist nur eine Möglichkeit, das Alter zu definieren. Auch das biologische Alter, bei dem Gesundheit sowie körperliche und geistige Fitness eines Individuums mitberücksichtigt werden, wird oft herangezogen.

2.2 Wann ist ein Mensch wirklich „alt“?

In Deutschland werden Menschen zwischen 60 und 75 Jahren im Allgemeinen als ältere Personen angesehen, zwischen 75 und 90 Jahren als alte und zwischen 90 und 100 Jahren als sehr alte. Sind Menschen über 100, werden sie als langlebig bezeichnet.

In den letzten 150 Jahren hat sich die Lebenserwartung in Deutschland hierzulande mehr als verdoppelt. Um 1800 Geborene hatten eine durchschnittliche Lebenserwartung von weit weniger als 40 Jahren. Für Kinder, die 2015 geboren worden sind, wurde eine Lebenserwartung von weit über 80 Jahren ermittelt.

In Zukunft könnte diese Zahl sogar noch weiter ansteigen. Diesen Gewinn an Lebensjahren verdanken wir der wissenschaftlichen Forschung und der modernen Medizin. 1800 war noch nicht einmal die Existenz verschiedener Blutgruppen bekannt und Organtransplantationen erschienen schlichtweg undenkbar. Es standen weder Röntgenstrahlen noch keimfreie Verbände, EKGs oder Antibiotika zur Verfügung.

Die jeweilige Lebenserwartung ist allerdings auch abhängig von der Region, in welchem die Menschen leben. In wohlhabenden Ländern erreicht der Durchschnitt mindestens das 80. Lebensjahr, während in den ärmsten Gebieten Regionen Afrikas die Lebenserwartung bei weniger als 60 Jahren liegt.

Aber auch in den reichen Ländern gibt es Unterschiede. Einkommen und Bildungsgrad wirken sich auch auf die Lebenserwartung aus. Gut situierte und bildungsnahe Personen erreichen tendenziell ein höheres Lebensalter.

Mit der gestiegenen Lebenserwartung erhöhen sich auch die Gesundheitskosten in einer Gesellschaft. Werden diese solidarisch von allen mitgetragen, ist eine bestmögliche Versorgung auch alter Menschen gewährleistet. In vielen Ländern ohne sozialstaatlich organisiertes Gesundheitswesen können sich aber nur wenige die teuren Operationen und Behandlungen leisten, weshalb ein hohes Alter für arme Menschen oft nur ein Wunschtraum bleibt.

Die extreme Steigerung der durchschnittlichen Lebenserwartung wirft auch ethische Fragen auf. Spielt die moderne Medizin Gott, indem sie uns so lange am Leben erhält? Soll es wirklich so sein, dass wir irgendwann einmal mehrheitlich an die 100 Jahre alt werden?

Schwierige Fragen, auf die es keine 100 % richtigen oder falschen Antworten gibt.

Es wird davon ausgegangen, dass die maximale Lebenserwartung eines Menschen bei rund 120 Jahren liegt. Ein so hohes Alter zu erreichen, ist jedoch äußerst ungewöhnlich. Als die Französin Yvonne Calment mit 122 starb, war dies das aktuell höchste bekannte Alter, das jemals ein Mensch erreicht hat.

Yvonne Calment lebte bis ins sehr hohe Alter ohne Betreuung gesund und fit. Mit 100 Jahren sah man sie noch auf dem Fahrrad fahren und mit dem Fechtsport hatte sie mit 85 Jahren begonnen. Eine wahre Galionsfigur für alle, die sich von ihrem Alter nicht einschüchtern lassen.

Schaut man sich die Statistiken zur Lebenserwartung einmal etwas genauer an, erkennt man auch, dass vor allem die Säuglingssterblichkeit und die Anzahl der Todesfälle im jungen Alter extrem zurückgegangen sind. 1870 starb noch jedes fünfte Kind bereits im Säuglingsalter. Heutzutage ist das zumindest in der westlichen Welt kaum ein relevantes Thema mehr.

Wenn 20 % der Bevölkerung schon kurz nach der Geburt verstirbt, drückt das statistisch den Durchschnitt der Lebenserwartung deutlich nach unten und vermittelt den Eindruck, dass in vergangenen Tagen kaum jemand ein höheres Alter erreichte. Dabei wurden auch damals Menschen schon sehr alt, es waren nur wesentlich weniger.

Aufzeichnungen aus dem antiken Griechenland bezeugen, dass bereits vor 8.000 Jahren einzelne Personen bis zu 90 Jahren alt wurden. Da aber mangelnde Hygiene (im Alltag und auch in der medizinischen Praxis), das Fehlen von Medikamenten und eine ungesunde oder gar gefährliche Lebensweise das Leben der Bevölkerung bestimmten, hatten nur wenige dieses Glück. Historiker schätzen, dass zur Zeit der Antike nur circa 10 % der Bevölkerung über 60 Jahre alt wurde.

Der medizinische Fortschritt verlängert heutzutage nicht nur die Lebenserwartung in beträchtlichem Maße, sondern ermöglicht es uns auch, unsere Lebensdauer maximal auszukosten. Neben der Dauer verbessert sich dank medizinischer und technischer Unterstützung auch die Lebensqualität alter Menschen.

Hörgeräte, Treppenaufzüge, Gleitsichtbrillen, Herzschrittmacher, effiziente und oft nur noch minimalinvasive operative Eingriffe, ohne schwerwiegende oder nachhaltige Nebenwirkungen – all das ermöglicht alten Menschen ein viel selbständigeres und selbstbestimmteres Leben als früher.

Hinzu kommt, dass sich viele Menschen schon in jüngeren Jahren für einen gesunden Lebenswandel entschieden haben. Studien zufolge sind Siebzigjährige von heute daher körperlich und kognitiv wesentlich fitter als Siebzigjährige vor 20 Jahren. Gleichzeitig sind sie mobiler, aktiver und autonomer und geben häufiger an, zufrieden mit ihrem Leben zu sein. Wie bereits in der Einleitung erwähnt, liegen die Zufriedenheitswerte bei Rentnern bei 80 % und damit höher als bei jeder anderen Altersgruppe.

2.3 Altern auf biologischer Ebene

Dass wir Menschen überhaupt so lange gesund und leistungsfähig bleiben können, verdanken wir der Zellteilung. Durch die sogenannte Zytokinese erneuern sich unsere Zellen regelmäßig selbst, indem sie einfach neue identische Versionen ihrer selbst bilden, die exakt die gleiche DNA-Information enthalten. Sie klonen sich demnach selbst. In den ersten Jahren des Lebens passiert das sehr häufig, weil der Körper und seine Organe wachsen. Sobald wir ausgewachsen sind, ebbt auch die Frequenz der Zellteilung nach und nach ab und hört irgendwann ganz auf.

Der Zeitpunkt dafür hängt mit der Länge unserer Chromosomenenden zusammen, die man auch Telomere nennt. Diese muss man sich als schützende Puffer an den DNA-Strängen vorstellen, die dafür sorgen, dass sie durch die Zellteilung nicht zu Schaden kommen. Bei jeder Zytokinese verkürzen sich die Telomere aber ein bisschen, bis sie irgendwann ganz verschwinden und dem Körper das Signal senden: „Stopp! Hier bitte nicht mehr teilen.“, woraufhin die entsprechende Zelle abstirbt.

Nicht jede Zelle verändert sich gleich schnell oder gleich oft. Hautzellen zum Beispiel erneuern sich fast jeden Monat, die Knochenzellen unseres Skelettes jedoch nur alle zehn Jahre. Die Riechzellen haben schon nach circa 14 Tagen „die Nase voll“ und verabschieden sich, während sich Haarfollikelzellen überhaupt nicht erneuern. Daher ist auch Haarausfall leider irreversibel. Je mehr Zellen eines bestimmten Organs abgestorben sind, desto schwächer wird es. Und das bekommen wir deutlich zu spüren. Der menschliche Körper verändert sich permanent und die Jahre gehen nicht spurlos an uns vorbei.

Die Genetik befasst sich mit der Zusammensetzung unserer Erbanlagen, während hingegen die Epigenetik die molekularbiologischen Veränderungen der einzelnen Gene untersucht.

Daher ist diese für die Erforschung von Parametern, die die Langlebigkeit begünstigen, von hohem Interesse. Sie geht nämlich die Frage nach, was unsere Gene aktiviert und wie dadurch unser Alterungsprozess beschleunigt oder verlangsamt wird.

2.4 Altersbedingte körperliche Veränderungen

Im Alterungsprozess verändern sich durch biochemische und physiologische Vorgänge unsere Zellen und damit unser gesamter Organismus. Irgendwann einmal können die Zellen ihre Aufgaben nur noch beschränkt oder überhaupt nicht mehr erfüllen.

Es kommt zu Veränderungen im Stoffwechsel, der Auf- und Abbau von Proteinen erleidet Störungen und unsere Widerstandsfähigkeit gegen Infektionen und anderen krankheitserregenden Prozessen nimmt ab.

Hormonsystem

Die Glukosetoleranz sinkt, weshalb alte Menschen zu einem zu hohen Blutzuckerspiegel neigen und im schlimmsten Fall auch an Diabetes erkranken können, obwohl sie an ihrem Essverhalten nichts verändert haben. Gleichzeitig lässt die Fähigkeit nach, Vitamin D aufzunehmen, was die Knochenstabilität und die Muskeldichte verringern kann.

In der Menopause kommt es zu einem Sinken des Östrogenspiegels. Frauen verlieren ihre Reproduktionsfähigkeit, weil keine neuen Eizellen mehr gebildet werden können. Auch Männer produzieren im Alter nicht mehr so viel Testosteron wie in ihren jungen Jahren. Bei beiden Geschlechtern kann es zu hormonbedingten Hitzewallungen, einer latenten Antriebsschwäche und der Verringerung sexueller Lust oder Potenz kommen.

Haut und Haare

Hautzellen haben nur eine kurze Lebensdauer und erneuern sich daher ständig. Dieser Prozess verlangsamt sich mit den Jahren. Die Haut wird schlaffer und faltiger. Dies ist einem Rückgang von Fettgewebe in der Unterhaut geschuldet, die der Haut eine stützende Polsterung gibt.

Hinzu kommen Pigmentveränderungen etwa in Form von Altersflecken. Nicht allen bekannt ist, dass die Haut mit zunehmendem Alter auch trockener und dünner und somit anfälliger für Krankheiten und Schadstoffe wird.

Auch wenn du nichts lieber tust, als dich auf deinem Balkon oder am Meer in der Sonne zu räkeln, solltet du damit aufhören. Sonnenstrahlen, die ungefiltert auf deine Haut treffen, verursachen Pigmentflecken und Falten. Zuviel Sonne kann auch Hautkrebs verursachen. Daher ist es ganz wichtig, direkte Sonneneinstrahlung nur in Maßen und mit entsprechendem Schutz zu genießen. Creme dich mit Sonnenschutzmitteln mit hohem Lichtschutzfaktor (LSF) ein. Am besten nimmst du gleich auch eine Tagescreme, die bereits einen LSF enthält.

Durch den graduellen Rückgang der Produktion des Hormons Melanin fangen die Haare langsam an, ihre Farbe zu verlieren, was wir umgangssprachlich als „Ergrauen“ bezeichnen.

Sowohl bei Frauen als auch bei Männern, wird das Haupthaar deutlich lichter und grauer, während gleichzeitig an ganz neuen Stellen überraschend Haare sprießen können. Gerade für Frauen ist das ein leidiges Thema, wenn sie plötzlich mit nie dagewesenen Gesichtshaaren zu kämpfen haben.

Muskeln

Mit etwa 30 Jahren beginnt der langsame Rückbau der Muskelmasse. Wer regelmäßig Sport betreibt, wird das erst einmal kaum wahrnehmen. Mit ungefähr 50 Jahren beschleunigt sich dieser

Abbau jedoch merklich. Ab dem Alter von 70 Jahren bauen sich die Muskeln so schnell ab, dass lange Inaktivität (etwa nach einem Unfall) gefährlich werden und die Mobilität nachhaltig beeinträchtigen kann.

Herz

Da das Herz fast nur aus Muskeln besteht, ist es wenig verwunderlich, dass auch seine Kraft irgendwann nachlässt und die Muskelmasse mehr und mehr dem Fettgewebe weicht. Die Folge für den Menschen sind Einbußen in der Belastbarkeit und eine höhere Anfälligkeit für Herz-Kreislauf-Erkrankungen.

Knochen und Bandscheiben

Knochen, Knorpel, Gelenke und Sehnen verlieren an Dichte, was sie anfälliger für Verletzungen macht. Zum Teil ist dies auf Veränderungen im Hormonhaushalt zurückzuführen. Aber auch die Intensität der Abnutzung spielt eine große Rolle.

Die Bandscheiben schrumpfen und büßen ihre Elastizität ein, da der Körper nicht mehr so viel Wasser speichern kann. Aus diesem Grund reduziert sich im Alter auch die Körpergröße.

Gehirn und Nervensystem

Man unterscheidet zwischen der fluiden und der kristallinen Intelligenz. Während die fluide Intelligenz für eine gutes Gedächtnis beziehungsweise eine schnelle Auffassungsgabe verantwortlich ist, unterstützt uns die kristalline Intelligenz beim ganzheitlichen Denken, indem sie neues Wissen mit bereits bestehenden Kenntnissen verknüpft. Die fluide Intelligenz erfährt bis zum 25. Lebensjahr einen Zuwachs, während die kristalline ihre Hochzeit erst um das 60. Lebensjahr erreicht und daher im Alter von großer Bedeutung bleibt.

Dennoch weist im Vergleich zu einem dreißigjährigen Gehirn ein achtzigjähriges nur noch drei Viertel der Hirnmasse auf. Man könnte also tatsächlich von einer Schrumpfung sprechen. Dieser Rückgang beeinträchtigt die Erinnerungskompetenz und die intellektuelle Leistungsfähigkeit. Auch die Nervenzellen verändern sich und leiten Reize weniger schnell ans Gehirn weiter, was zur Folge hat, dass die Reaktionsgeschwindigkeit sinkt. Das Gehirn verarbeitet Informationen somit nicht mehr so gut wie früher, weshalb es schwieriger wird, sich neue Dinge zu merken bzw. schnell zu reagieren.

Doch das Gehirn wäre schließlich nicht das Gehirn, wenn es nicht noch ein paar Superkräfte hätte! Denn besser als jedes andere Organ, kann es etwaige Verluste ausgleichen. Das Absterben von Nervenzellen kann durch die Bildung neuer Verbindungen zwischen den noch existierenden Nervenzellen kompensiert werden. Der Hippocampus, der maßgeblich für unsere Erinnerungsfähigkeit zuständig ist, kann sogar neue Zellen bilden, ebenso wie die Basalganglien, die unsere Bewegungen koordinieren. Im Gegensatz zur landsläufigen Meinung, im Alter könne man nichts mehr dazu lernen, zeigen neuere wissenschaftliche Erkenntnisse, dass Menschen bis zum Ende ihres Lebens lernfähig bleiben und sich entwickeln können.

Im Alter nimmt auch unsere emotionale Intelligenz noch weiter zu. Wir haben verstanden, dass es nicht für alles eine Lösung gibt und viele Dinge zu akzeptieren sind, da sie sich nun einmal nicht ändern lassen. Gelassenheit zu leben und loslassen zu können sind Fähigkeiten, die ältere Menschen im Allgemeinen besser beherrschen als jüngere. Sie haben gelernt, zu erkennen, worum es sich lohnt zu kämpfen und wann ein Kampf aussichtslos ist.

Immunsystem

Auch unsere Immunzellen werden von Jahr zu Jahr weniger. So können wir Keime und Erreger schlechter abwehren und uns gleichzeitig von Erkrankungen oder Verletzungen nur noch langsam erholen, weil innere und äußere regenerative Kräfte weniger Kraft haben und daher mehr Zeit für die Reparatur benötigen.

Sinnesorgane

Meist um die Lebensmitte setzt die Alterssichtigkeit ein und einige Jahre später beginnt auch die Schwerhörigkeit. Die abnehmende Seh- und Hörkraft lässt sich heutzutage recht zuverlässig durch Brillen und Hörgeräte ausgleichen, aber nicht umkehren. Während die Sehschärfe bereits ab dem fünfzigsten Lebensjahr deutlich nachlassen kann, bleibt uns unser Gehör circa 20 Jahre länger ohne Einschränkungen erhalten.

Ein weiteres Problem im Alter sind trockene Augen, da die Tränenproduktion langsam nachlässt. Dagegen helfen Tränenersatzmittel, welche in jeder Apotheke besorgt werden können. Selbst vor dem Geruchs- und dem Geschmackssinn macht das Alter nicht halt. Durch das Absterben der Geschmacksknospen wird auch das Geschmacksempfinden schwächer.

Kapitel 3

Altern und Gesellschaft

Ehre das Alter.

Adolf Friedrich Ludwig Freiherr von Knigge

Altern ist nicht nur ein individueller Prozess, sondern auch ein kulturelles Phänomen. Nicht in allen Gesellschaften hat oder hatte das Alter den gleichen Stellenwert wie heutzutage hier in Europa. Auch innerhalb unseres Kulturkreises existieren Unterschiede in Hinblick darauf, wie die alte Generation wahrgenommen wird.

Die negative Grundansicht, alte Menschen seien eine Last, gilt es zu hinterfragen, denn sie entspringt einem primär leistungsorientierten Weltbild. Dass unsere Gesellschaft den Wert eines Menschen an seinem unmittelbaren Nutzen misst, liegt an den kapitalistisch-individualistischen Leitbildern, die uns seit Jahrzehnten vermittelt werden. Nur langsam verbreitet sich ein humanistischeres Weltbild, in dem nicht nur messbare Leistung geschätzt, sondern auch auf den immateriellen, aber ebenso wichtigen sozialen Beitrag von Personen Wert gelegt wird.

3.1 Kulturelle Unterschiede

In einem historischen Rückblick fällt auf, dass Gemeinschaften mit einem ausgeprägten Gruppensinn stets stark von der Expertise der Alten profitierten und respektvoll und solidarisch mit ihnen umgingen. Kindern im antiken Chinas kam die Aufgabe, sich um ihre Großeltern (und Urgroßeltern) zu kümmern und dafür zu sorgen, dass es ihnen gut ging. Die familiäre Bindung war im alten China das stärkste zwischenmenschliche Band, das ein Individuum knüpfen konnte. Die Familie ging vor dem Staat, dem Recht, den Freunden oder der Kommune. Demnach war es wichtiger, seinen Eltern oder Großeltern zu Diensten zu sein, als für andere Personen zu arbeiten.

Heutzutage ist in vielen Teilen der Welt das Zusammenleben von Generationen noch sehr viel gängiger als in Mittel- und Nordeuropa. Die Ältesten bleiben fest in die Familienstruktur integriert. Eine Familiengruppe ist stets ein Mix aus allen Altersstufen, die sich gegenseitig unterstützen. So gehen Eltern arbeiten, während die Großeltern auf die Kinder aufpassen. Die Großeltern kommen dadurch nicht nur in den Genuss familiärer Fürsorge, die ihnen zuteil wird, sondern stehen auch in regelmäßigem Kontakt zur jungen Generation. Diese profitiert ihrerseits wiederum von der Expertise der Älteren.

Im alten Griechenland und im römischen Reich wurde das Alter mit Weisheit gleichgesetzt. „Bei den Jüngeren liegt die Kraft, bei den Älteren der Rat", schrieb der Dichter Euripides circa 5.000 Jahre vor Christus. Platon sprach die Empfehlung aus, wichtige Staatsposten nur mit den „Ältesten und Besten" zu besetzen. Für wichtige Posten wie Richter und Gesetzeshüter sah er nur über Fünfzigjährige als geeignet an.

Je älter, desto besser, argumentierte er und berief sich auf die lange Lebenserfahrung und eine damit einhergehende moralische Überlegenheit. Platon hatte wohl recht damit, wenn er in alten Menschen eine friedlichere Gesinnung zu erkennen glaubte: Statistisch gesehen, werden seit jeher mehr kriminelle Delikte von jungen Menschen begangen als von Alten.

Trotzdem war das Altersbild auch in der Antike nicht gänzlich verklärt. In jeder Epoche gab es Rebellen, die sich gegen bestehende Normen und Konventionen der alten Generation auflehnten. Platons eigener Schüler, Aristoteles, sah das Alter sehr viel kritischer als sein Lehrer und bezeichnete alte Leute unter anderem als geizig, zynisch und feige.

Unter extremen Umständen wie Hungersnöten oder Kriegen wurden Alte eher vernachlässigt als zu Zeiten des Wohlstandes. Extremer existentieller Stress und Überlebensangst sabotierten den Gemeinschaftssinn von Gruppierungen und machten Menschen verstärkt zu Einzelkämpfern. Überlieferungen legen nahe, dass in Nomadenstämmen die Ältesten rituellen Suizid begingen, weil sie mit dem Tempo der Gruppe nicht mehr mithalten konnten. Die Ausgrenzung und Diskriminierung von

Alten waren demnach von jeher eine Begleiterscheinung von Not und Überlebenskampf.

In vielen Kulturen werden die Ältesten auch heute noch regelrecht verehrt. Etwa in Nigeria gelten die Ältesten einer Gruppe als Respektspersonen und werden als weise und besonnen wahrgenommen. Bei Unstimmigkeiten, Streits und wichtigen Entscheidungen haben sie daher meistens das letzte Wort. Ähnlich werden Alte auch in vielen anderen afrikanischen und asiatischen Staaten wie Indien oder Kenia verehrt.

In Japan fließt die Weisheit der Alten von jeher in das politische und soziale System ein. Traditionell wird alten Menschen Respekt entgegengebracht und ihr Rat als Lehrmeister hoch geschätzt. Es liegt in der japanischen Kultur, dass Lernwege lang und hart sind. Wenn man es zu etwas bringen will, muss man sein Leben lang daran arbeiten, weshalb es absolut normal ist, auch in hohem Alter noch dazuzulernen. Sich als Berufseinsteiger schnell „hochzuarbeiten“, ist in diesem asiatischen Staat nicht so leicht wie in westlichen Kulturkreisen, wo neben der professionellen Erfahrung gleichermaßen auch das individuelle Talent und die Arbeitsqualität ins Gewicht fallen.

Daher weist Japan eine außerordentlich hohe gesellschaftliche Teilhabe alter Leute auf, die auch den Arbeitsmarkt mitumfasst. Im Jahr 2017 ergab eine Erhebung, dass fast die Hälfte (49 %) der über fünfundsechzigjährigen Japaner noch erwerbstätig sind, in Deutschland waren es hingegen nur 17 %, also nicht einmal ein Fünftel. Die Studie betont, dass die lange Arbeitszeit der Japaner nicht der Geldnot entspringt, sondern die befragten Personen angaben, Spaß an ihrer Arbeit zu haben und sich geistig fit halten zu wollen.

Es kommt auch regelmäßig vor, dass Alte Freiwilligenarbeit leisten und damit ihrer Kommune helfen. In Gemeinden, in denen es gängig ist, dass sich alte Menschen (entsprechend ihrer Möglichkeiten) aktiv einbringen, ist das Altersbild jüngerer Menschen deutlich positiver und die Lebenszufriedenheit der gesamten Bevölkerung (nicht nur der Alten) höher.

Wir sehen also, dass das Vorurteil des „nutzlosen Alten" ein gesellschaftliches Konstrukt ist. In vielen Gesellschaften herrscht seit jeher das Bewusstsein vor, dass auch gebrechlich erscheinende Personen von großem Wert für eine Gemeinschaft sind.

3.2 Altersbilder im Wandel der Zeit

Natürlich gibt es auch in Kulturkreisen, die das Alter traditionell verehren und auf eine erhöhte Stufe stellen, negative Altersbilder. Nicht alle Individuen einer Gesellschaft teilen traditionelle Werte in gleichem Ausmaß, im Gegenteil haben gerade junge Menschen oft den Drang, mit dem Alten zu brechen und Platz für Neues zu schaffen. Was für den einen wertvolle Traditionen darstellen, sind für den anderen eingerostete Strukturen. Was in gewissen Kreisen als Weisheit gehandelt wird, gilt in anderen als unflexible Sturheit. Die besonnene und ruhige Art zu handeln, kann durchaus als zu passiv und zurückhaltend bewertet werden.

Eine Betrachtung unserer eigenen Zeitgeschichte zeigt, dass sich negative Altersbilder gerade dann exponentiell vermehren, wenn sich die ältere Generation zu sehr auf eine autoritäre Haltung versteift. Wenn sich Macht und Ansehen ausschließlich in der Gruppe der Alten konzentrieren und diese kein offenes Ohr für neue Ideen und Modernisierungsvorschläge hat, beginnen sich Angehörige der jüngeren Generationen gegen die Traditionen aufzulehnen.

Ein großer Faktor für die Popularität studentischer Protestbewegungen der 60er Jahre war, dass in den vorangegangenen Jahrzehnten zu viel politischer und kultureller Stillstand durch die „alte Riege" propagiert wurde. Die Generation der 50er Jahre war in dem steifen Korsett von Traditionen und Autorität gefangen.

In Bereich von Kindererziehung, Schule oder im politischen Diskurs fand kaum generationsübergreifender Austausch auf Augenhöhe statt, sondern die Älteren standen oben und machten die Regeln, während den Jüngeren unten im Machtgefälle kein Mitspracherecht zuteil wurde. Anstatt auf die Wünsche nach Freiheit, Emanzipation und Chancengleichheit der nachfolgenden Generation einzugehen, wurden diese Bestreben als jugendlicher Unfug abgetan.

Viele junge Menschen sahen die einzige Möglichkeit der Befreiung darin, das autoritäre Machtverhältnis zu durchbrechen. Im Übermut des revolutionären Gedankens sollte es durch ein komplett gegenteiliges Modell ersetzt werden. Ideen wie antiautoritäre Erziehung, Kommunen und basisdemokratische Entscheidungsfindung wurden extrem populär.

Mittlerweile haben sich die beiden Extreme wieder auf ein gesamtgesellschaftlich weitgehend mitgetragenes Mittelmaß eingependelt. Das Geheimnis für ein harmonisches Zusammenleben der Generationen liegt im gegenseitigen Austausch auf Augenhöhe, bei dem Junge von Alten und Alte von Jungen profitieren können, anstatt sich in ihren Ansichten zu bekämpfen. Das kann eine Herausforderung für beide Altersgruppen sein.

Über ältere Menschen wird manchmal die Kritik geäußert, sie seien störrisch und altmodisch, doch auch der jugendliche Sturm und Drang kann an Sturheit und Unflexibilität grenzen. Wenn Generationen frei von Vorurteilen aufeinander zugehen und einander wirklich verstehen wollen, dann schaffen sie das auch und können ihre jeweils besten Qualitäten zu etwas Großartigem vereinen.

Kapitel 4

Das Schöne am Alter

Der zweite Frühling kommt mit den dritten Zähnen.

Walter Matthau

Lassen wir das Theoretische mal hinter uns und widmen und konkreter der Frage: Wie können wir Altersängste überwinden und diesen goldenen Lebensabschnitt bestmöglich genießen?

Oft wird versucht, das Alter positiv darzustellen, indem einfach die Dinge aufgezählt werden, die nicht negativ sind. Oder zumindest nicht ganz so negativ, wie sie auf den ersten Blick erscheinen.

Wenn wir uns folgende Überschriften durchlesen, „Studien zeigen, dass Menschen auch in hohem Alter noch lernfähiger sind als bislang angenommen“, „Auch im Alter pflegen die meisten

Menschen noch regelmäßig Sozialkontakte" oder „Diese Rentner sind fitter als die meisten Dreißigjährigen" fällt auf, dass sie alle ein positives Bild auf das Alter werfen und uns Mut machen wollen.

Dennoch lässt sich nicht leugnen, dass sich die genannten positiven Aspekte des Alters dadurch auszeichnen, dass sie sich eben nicht vom Leben junger Menschen unterscheiden. Der Tenor ist: Mach dir keine Sorgen, so schlimm wird's schon nicht, die Veränderung ist gar nicht sooo groß.

Der typische jugendliche Lifestyle gibt somit immer noch den Ton an. Fitness, soziale Aktivitäten, Weiterentwicklung – danach streben wir alle und sollten nie damit aufhören. Es ist toll, dass es Marathon laufende Rentner gibt, die viele Freunde haben und gleichzeitig neue Fremdsprachen lernen.

Dass das menschliche Gehirn bis ins hohe Alter lernfähig bleibt, ist eine sehr gute Nachricht und eine wichtige wissenschaftliche Erkenntnis, die mit vielen negativen Vorurteilen gegenüber Alten aufräumt.

Körperliche Aktivität, geistige Herausforderung und ein stabiles soziales Umfeld sind in allen Phasen des Lebens wichtige Anker für die physische und mentale Gesundheit. Das gilt selbstverständlich auch für das Alter.

Aber es ist nicht nur das, was das Alter ausmacht! Es gibt nicht nur einen Weg, um glücklich zu altern, sondern viele verschiedene. Was macht das Alter einzigartig? Was hat das Alter, was andere Lebensabschnitte nicht haben?

Die mediale Betonung von Fitness, Gesundheit und sozialer Anbindung im Alter kann enormen Druck auf jene auslösen, die sich davon eventuell nicht angesprochen fühlen.

Jemandem, der bereits mit einer chronischen Krankheit zu kämpfen hat, hilft es sicher nicht zu hören, dass andere Gleichaltrige immer noch Hochleistungssport betreiben.

Subtil wird durch solche Hinweise auch suggeriert, dass weniger fitte oder weniger sozial aktive alte Menschen irgendetwas falsch machen. Natürlich kennen wir alle die positiven Effekte von regelmäßiger Bewegung auf den Körper.

Doch warum sollte eine leicht übergewichtige Person zwangsläufig unzufriedener sein als eine durchtrainierte? Warum wird automatisch angenommen, ein Mensch mit zwei Freunden sei weniger glücklich als ein Mensch mit zwanzig?

Abgesehen davon, dass wir auch im Alter noch viele ähnliche Möglichkeiten haben werden wie aktuell auch, können wir uns auch auf ganz neue Aspekte freuen, die diese Lebensphase mit sich bringt. Vielleicht hast du ja selbst schon eine Vorstellung davon, wie du dein Alter verbringen möchtest. Hast du spezielle Wünsche für das Alter?

4.1 Plane neue Aktivitäten

Willst du etwas Bestimmtes erleben oder eine einschneidende Veränderung vornehmen? Hast du Lust auf neue Abenteuer oder willst du lieber die Entspannung genießen?

Denk mal selbst über diese Fragen nach. Vielleicht freust du dich bereits auf so einiges, was du noch so vorhast.

Übung

Notiere dir zehn Aktivitäten, die du immer schon machen wolltest. Erstelle eine To-do-List und schreibe zu jeder dieser Aktivitäten ein Datum, zu dem du planst, diese tatsächlich durchzuführen bzw. umzusetzen.

Hier einige Beispiele:

Wandern im Harz

Geplant für: 01. 05.2022 bis 05.05.2022

Gemeinsam mit:

Übernachtung in:

To-do-List:

Rucksack besorgen

Feste Schuhe kaufen

Zugfahrt buchen

. . .

Seidenmalkurs in der Volkshochschule

Geplant für: 01. 03.2022 bis 06.05.2022

Anmeldung bis: 4.2.2022

Gemeinsam mit: Anna und Andrea

To-do-List:

Farben, Pinsel und Stoffe kaufen

Motive suchen

YouTube-Videos ansehen

Rundreise in Andalusien

Geplant für: 28. 05.2022 bis 12.06.2022

Anmeldung bis: 3.3.2022

Gemeinsam mit: Niko

To-do-List:

Reise buchen

Koffer kaufen

Reiseführer besorgen

Betreuung für Katze organisieren

. . .

Plane jetzt deine nächsten Aktivitäten:

Aktivität:

Geplant für:

Anmeldung bis:

Gemeinsam mit:

To-do-List:

1.

2.

3.

Aktivität:

Geplant für:

Anmeldung bis:

Gemeinsam mit:

To-do-List:

1.

2.

3.

Sehen wir uns jetzt einmal einige der unschlagbaren Vorteile an, die das Alter mit sich bringt.

4.2 Ein gewaltiges Mehr an Freizeit

Wenn du nicht mehr täglich stundenlang an deinem Arbeitsplatz verbringen musst oder lästige Klientengespräche abzuarbeiten hast, steht dir plötzlich ein gewaltiges Plus an frei verfügbarer Tageszeit zur Verfügung. Diese kannst du ausfüllen, womit immer du möchtest. Und zwar täglich aufs Neue.

Doch wie ist das jetzt mit Freizeitstress? Bei aller mangelnden Logik ist dieser leider ein sehr reales Phänomen. Als berufstätiger Erwachsener mit Familie hat man zwar Freizeit, doch die ist so knapp bemessen, dass man stets versucht, sie bestmöglich zu nutzen. So kommt es, dass du an einem verregneten Samstagnachmittag eine Fahrradtour machst, weil den Rest des Monats keine Zeit mehr dafür geblieben wäre. Oder du quälst dich mit Kopfschmerzen zum Tennisspielen, weil du weißt, dass ihr für das gemischte Doppel maximal alle drei Monate einen gemeinsamen Termin findet. Freizeitstress eben.

Für alte Menschen verläuft die Zeit ganz anders. Ähnlich wie Kinder, die spontan auf ihr Fahrrad steigen und eine Runde durch den Park drehen, können auch alte Leute viel intuitiver darüber entscheiden, was sie an welchem Tag machen. Die Sonne scheint? Vielleicht hast du Lust auf einen Spaziergang! Es regnet? Da fühlst du dich eben eher nach einem guten Buch und einem warmen Tee. Du bist müde? Dann sag deinen Freunden einfach ab und mach einen neuen Termin aus.

Wenn man der Rushhour im Verkehr, der Wartezeit im Amt oder dem Gedränge im Supermarkt ganz einfach entgehen kann, fühlt sich das zuerst fast surreal an. Es ist fast so, als hättest du dem Leben ein Schnippchen geschlagen. Plötzlich gehörst du zu der exklusiven Gruppe derer, die am Vormittag gelassen durch die Einkaufszentren schlendern und danach in aller Ruhe ihr Mittagessen kochen und essen kann. Schluss mit „Schnell Nudeln zubereiten".

Jetzt isst du, was du willst, wann du willst und wo du willst! Weil du weniger Verpflichtungen nachgehen musst, kannst du die anderen Aktivitäten mit einer viel positiveren Energie angehen. Einkaufen und Kochen werden von leidigen Begleiterscheinungen einer zwingenden Notwendigkeit der Nahrungsaufnahme vielleicht sogar zu lustigen Events.

Mit dem Hund Gassi zu gehen, stresst dich plötzlich auch nicht mehr, selbst wenn er noch abends um elf hinaus möchte. Das und vieles mehr, was dich zuvor jahrzehntelang genervt hat, wirst du im Alter plötzlich genießen können.

Natürlich kannst du dir auch jetzt deinen Terminkalender voll mit Aktivitäten stopfen, aber du darfst ganz frei entscheiden, wo du dann im Endeffekt tatsächlich mitmachst. Allein das Wissen, endlich Herr deiner Zeit zu sein, ist ein unvergleichlich befreiendes Gefühl. Außerdem verschafft dir diese neue Freiheit eine Unzahl neuer Möglichkeiten. Einfach mal vier Wochen in der kostengünstigen Nebensaison Urlaub machen. Endlich zeichnen lernen. Oder töpfern. Oder backen. Oder Philosophie studieren. Oder Judo (Wir erinnern uns an Madame Calment, die mit 85

Jahren anfing, Fechtstunden zu nehmen). Was auch immer du jemals einmal machen wolltest, kannst du JETZT wirklich tun. Und wenn es dir doch nicht gefällt, kannst du es auch jederzeit wieder sein lassen. Womit wir auch schon beim zweiten Punkt wären...

4.3 Du musst niemandem mehr etwas beweisen

Du musst nicht mehr die Erste sein. Oder der Zweite. Oder überhaupt mitmachen!

Das Leben wird uns durch viel zu viel Konkurrenzkampf anstrengender gemacht, als es sein sollte. Manche verstehen das schon früh und entziehen sich dem ewigen Wettbewerb, bei dem jeder die Beste, der Schönste, die Schnellste oder der Stärkste sein will. Doch für die meisten Menschen kommt eine solche Einsicht erst im Alter, genau dann, wenn ihnen klar wird, dass sie kaum noch zu den Schönsten und Besten gehören werden – und was für ein traumhaftes Gefühl das ist!

Wie blind wir doch waren, um nicht schon viel früher zu erkennen, dass niemand der Gesellschaft etwas „beweisen“ muss. Diese Erkenntnis verschafft einem eine nie dagewesene Gelassenheit. Tatsächlich haben psychologische Studien herausgefunden, dass Menschen nicht zufriedener mit sich selbst werden, wenn sie immer mehr erreichen und immer besser werden.

Sie werden zufriedener, sobald sich die eigene Erwartungshaltung an die Realität anpasst. In jungem Alter haben Menschen einen starken Drang zu wachsen und sich stetig zu verbessern. Wird dies übertrieben, resultiert daraus oft eine ungesund hohe Erwartungshaltung, die viel zu sehr auf das fokussiert ist, was man noch nicht erreicht hat und außer Acht lässt, was für Erfolge man bereits feiern konnte.

Wahre Selbstzufriedenheit entspringt aus dem Selbst und nicht aus dem Vergleich mit anderen. Auch wenn man als Letzter ins Ziel kommt, kann man stolz darauf sein, es überhaupt so weit geschafft zu haben. Eine der härtesten Erkenntnisse des Alters entpuppt sich daher irgendwann als sein größtes Glück: Man ist aus dem gesellschaftlichen Konkurrenzkampf ein für alle Mal raus. Und das ist auch gut so!

4.4 Neue Chancen

Familie und Arbeit hatten nicht nur deine Zeiteinteilung fest im Griff, sondern limitierten bislang auch viele Möglichkeiten, deine Wünsche auszuleben. Jetzt hast du noch einmal die Gelegenheit, etwas ganz Neues anzufangen. Du kannst einem neu entdeckten Hobby nachgehen oder sogar noch eine neue Profession erlernen und darin arbeiten.

Die Weichen, an denen sich der Zug deines Lebens bislang orientiert hat, können demnach vollkommen neu gestellt werden. Und diesmal lastet viel weniger Erfolgsdruck auf dir. Vielleicht denkst du, das Erlernen von neuen Fähigkeiten oder das Angehen neuer Projekte würde sich im Alter nicht mehr lohnen.

Aber dann bedenke bitte auch, dass Goethe seinen großen Erfolg

„Faust – der Tragödie erster Teil" mit 80 Jahren geschrieben hat (und danach auch noch den zweiten Teil) und Michelangelo 76 war, als er das „Jüngste Gericht“ in der Sixtinischen Kapelle fertigstellte. Egal welchen Lebensweg man eingeschlagen hat, man hat damit auch automatisch einen anderen Weg nicht eingeschlagen. Hattest du nicht auch immer mal wieder diesen „Was wäre gewesen, wenn...“-Gedanken im Kopf ? Jetzt kannst du genau das herausfinden, anstatt nur davon zu träumen.

Dieser Punkt ist übrigens weit über das Arbeitsleben hinaus interessant. Auch was sonstige Aktivitäten oder Freundschaften betrifft, kannst du dich noch einmal neu erfinden, wenn du willst. Viele Leute eröffnen sich im Alter auch einen Weg zu ihrer ganz persönlichen Spiritualität, die sich aber nicht zwingend in einer neuen Glaubensrichtung äußern muss.

Manche verändern ein wenig ihre Lebensphilosophie oder Wertvorstellung und werden offener für unkonventionelle Ansichten. Was spricht dagegen, im Alter von 76 Jahren anzufangen, sich intensiv mit dem Buddhismus auseinanderzusetzen, regelmäßig Meditationskurse zu besuchen und eine Reise nach Indien zu unternehmen? Ganz genau gar nichts. Im Gegenteil. Rentner, die ihr ganzes Leben lang im Büro gearbeitet haben, fangen an zu schreinern. Lebenslange Stubenhocker entdecken auf einmal den Spaß am Sport. Alles ist möglich!

4.5 Die eigene Lebenserfahrung genießen können

Dass man mit dem Alter auch an Weisheit gewinnt, ist tatsächlich ein viel beobachtetes Phänomen. Zwar haben ältere Menschen manchmal mit Gedächtnisschwierigkeiten zu kämpfen und lernen gewisse Dinge nicht mehr ganz so schnell wie jüngere, doch der Begriff Weisheit geht über die praktische Effektivität und Schnelligkeit des Gehirns weit hinaus. Das spezifische Fachwissen alter Leute übertrifft zum Beispiel fast immer das eines Berufsanfängers, weil es von viel praktischer Erfahrung begleitet ist und sich tief in die Gehirnwindungen eingebrannt hat. Auch verfügen ältere Menschen oft über einen höheren Grad an sozialer Kompetenz und Eloquenz als jüngere.

Doch vor allem zeigt sich ihre Weisheit im Bereich der emotionalen Intelligenz, also der Fähigkeit einer objektiveren Beurteilung von Gefühlen wie Angst, Liebe oder Hass. So verfügen ältere Menschen über eine profundere Menschenkenntnis und können ihre eigenen Emotionen besser regulieren und einordnen, anstatt sich von ihnen aus der Bahn werfen zu lassen.

Weniger oft finden sie sich daher in emotionalen Konflikten mit sich selbst oder anderen Personen wieder und reagieren bei möglichen Katastrophen entspannter und entscheidungsfreudiger. Dieses Weisheitswissen hilft auch dabei, körperliche Einschränkungen oder Anzeichen von Altersschwäche mental so einordnen zu können, dass sie nicht die eigene Lebenszufriedenheit beeinträchtigen.

Natürlich fällt einem die Weisheit nicht einfach mit dem Rentenalter in den Schoß. Doch im Laufe eines Lebens häufen wir nicht nur viel Wissen an, sondern lernen auch auf psychologischer Ebene viel dazu. Dein ganzes Leben lang hast du immer wieder Fehler gemacht, bist gescheitert, hast dich vertan oder musstest Rückschläge einstecken.

Das hat neben all den Frustrationen und Rückschlägen letztlich auch dazu geführt, dass du dich dadurch von Mal zu Mal besser kennengelernt hast. Bestimmt kannst du auf einige negative Erfahrungen zurückblicken, über die du heute sagen darfst: „Das wird mir nicht noch einmal passieren."

Sicher hast du mit den Jahren gelernt, offener und ehrlicher zu kommunizieren oder besser mit Niederlagen umzugehen. Vielleicht konntest du vor einiger Zeit auch noch nicht so gut „Nein" sagen und hast zu wenig auf deine eigenen Bedürfnisse geachtet. Was auch immer dir die Jahre beigebracht haben mögen, war bestimmt nicht immer leicht zu verarbeiten. Derlei emotionale Prozesse dauern oft viele Jahre, manchmal sogar Jahrzehnte, um wirklich abgeschlossen zu sein. Deshalb solltest du die Früchte deiner mühsamen charakterlichen Entwicklung im Alter endlich ernten dürfen.

Mit dem Erreichen eines bestimmten Alters treten wir auch in eine neue Selbstfindungsphase ein. Dazu gehört, dass du auch in deinem späteren Leben noch durch Neues geprägt werden wirst und dich weiterentwickeln kannst. Tatsächlich ist es mittlerweile statistisch belegt, dass man sich wie schon erwähnt in jedem Alter charakterlich verändern und neue Ansichten übernehmen kann.

Aber Fakt ist auch, dass du bereits vieles hinter dir hast, woraus du Selbstvertrauen schöpfen kannst. Ältere Leute wissen viel eher, was ihnen guttut und was nicht, wo ihre Stärken und ihre Schwächen liegen und was ihre Pläne und Ziele sind. Viel weniger lassen sie sich von den Meinungen und Einstellungen ihres Umfelds verunsichern oder beeinflussen.

Ein Zitat des Komikers Loriot lautet dazu: „Ein weiterer Vorzug des alten Menschen beruht auf seiner Überzeugungstreue. Diese auch als Altersstarrsinn geschätzte Eigenschaft beendet unergiebigen Gedankenaustausch. Ein im höheren Alter willkommener Zeitgewinn."

Natürlich muss man diesen Ausspruch mit einem Augenzwinkern verstehen. Wir haben ja bereits festgestellt, dass sowohl Alt als auch Jung von wechselseitiger Kommunikations- und Kompromissbereitschaft profitieren. Trotzdem trifft er einen guten Punkt. Über manche Dinge muss man sich im Alter keine Gedanken mehr machen, da man das schon sein ganzes Leben lang getan hat.

Das soll auf keinen Fall bedeuten, dass alte Menschen immer recht haben oder nichts mehr dazu lernen müssten. Aber es soll auch verdeutlichen, dass das Loslassen bestimmter Lebensfragen und Zweifel im Alter oft sehr viel schneller geschieht, was die Lebensqualität deutlich anhebt.

Studien haben offengelegt, dass die Lebenszufriedenheit in den ersten zwanzig Jahren und den letzten zwanzig Jahren am höchsten ist. Die Zeiten der höchsten Lebensbeanspruchung und Stressbelastung, also im Allgemeinen zwischen vierzig und fünfzig, sind wir auch am unglücklichsten.

Während die Lebensfreude der Jungen daraus resultiert, dass diese noch naiv und blauäugig durch das Leben gehen können und im Regelfall noch nicht allzu viele schwerwiegende Probleme zu bewältigen haben, begründen die wissenschaftlichen Studien den steilen Anstieg der Zufriedenheit im Alter mit einem höheren Level an Selbstsicherheit und Klarheit über die eigenen Ziele und Wünsche.

Dies ist umso erstaunlicher, als die Mehrzahl der Menschen über 65 chronisch krank ist und an Bluthochdruck, chronischen Rückenschmerzen, Fettstoffwechselstörungen bzw. Gelenkarthrosen oder aus einer Kombination aus mehreren Erkrankungen leidet. Dennoch fühlen sich die meisten von ihnen relativ gut und sind mit ihrem Leben zufrieden.

4.6 Zu wissen, wer man ist

Je älter wir werden, umso besser kennen wir unsere eigene Persönlichkeit. Wir haben gelernt, uns so anzunehmen, wie wir sind und mit all unseren Fehlern und Vorzügen zu akzeptieren. Uns sind unsere Grenzen bekannt und wir verhalten uns in vielen Situationen heute ganz anders als noch in jungen Jahren.

Gelassenheit und Ruhe sind uns nun viel eher zu eigen als das aufbrausende Wesen von früher. Wir müssen uns nicht(s) mehr beweisen, Anerkennung hat eine andere Bedeutung erlangt und auch Erfolge werden nun ganz anders bewertet. Wir treten nicht mehr in Wettstreit mit anderen und wissen, dass wir nichts mehr erzwingen müssen. Stattdessen haben wir nun viel besser verstanden, worauf es im Leben wirklich ankommt.

Die Stärken des Alters sind Weisheit, Erfahrung, ein gewisser Überblick, Gelassenheit, Ruhe, die Fähigkeit, alles aus den verschiedensten Perspektiven aus zu betrachten, Geduld, Harmonie und Milde. Wir können leichter loslassen und nehmen viele Dinge eben hin, wie sie nun einmal sind.

Im Alter weiß man irgendwie, wie das Leben so läuft. Wir haben verstanden, was man besser sein lassen sollte, was sich auszahlt, verfolgt zu werden, aber auch was man bewältigen muss, auch wenn man es gar nicht möchte.

Unsere Erfahrungswerte sind wertvoll, auch für andere. Andererseits haben wir auch gelernt, dass unsere Ansichten und Einstellungen nicht die einzig wahren sind. Wir können akzeptieren, dass es auch andere Meinungen gibt.

Im Alter gelingt es uns auch viel leichter auf Statussymbole zu verzichten. Wir haben verstanden, dass weniger oft mehr ist und gelernt, immaterielle Werte zu schätzen. Diese sind unersetzlich und ein ganz wesentlicher Bestandteil in unserem Leben. Dazu zählen alle unsere Erfahrungen, die wir im Laufe des Lebens gemacht haben, unsere Beziehungen und Kontakte zu anderen Menschen und die vielen Erlebnisse, die wir nicht missen wollen und an die wir uns immer wieder gerne erinnern.

Auch Äußerlichkeiten werden immer unwichtiger. Natürlich bedeutet das nicht automatisch, dass man sich gehen lässt und aufhört körperlich und geistig an sich zu arbeiten.

Das Glück am Älterwerden liegt in vieler Hinsicht darin, dass die Konkurrenz mit sich selbst aufhört. Es gelingt einem, sich mit sich selbst zu versöhnen und keine Enttäuschungen mit dem eigenen Ich mehr zu verspüren.

4.7 Milde, Harmonie und Empathie

Das Alter ist oft gekennzeichnet von zunehmender Milde, da wir ruhiger, ausgeglichener, aber auch nachsichtiger, mitfühlender, empathischer und barmherziger werden. Wir beginnen auch, uns selbst gegenüber milder zu werden. Die Starrheit und Strenge lassen nach, ebenso wie das Aggressionspotenzial abnimmt. Wir hören oft auch auf, vermeintlich verpassten Chancen nachzuweinen.

Wir werden auch toleranter anderen gegenüber und es fällt uns leichter, uns zu entschuldigen. Auch Fehler werden öfter zugegeben. Das Harmoniebedürfnis steigt und wir wünschen uns, einfach nur in Frieden leben zu können.

Dass unser Verständnis steigt, kommt nicht zuletzt Enkelkindern zugute, die bei Großeltern oft mehr Nachsicht und Milde erwarten können als bei den eigenen Eltern. Enkelkinder können das Leben ungemein bereichern. Wir sind nicht mehr verantwortlich für Schulerfolge und Erziehungsfragen, sondern dürfen die Zeit mit ihnen unbeschwert genießen.

Gleichzeitig können wir ihnen so manches aus unserem reichhaltigen Erfahrungsschatz mitgeben und sie mit Zärtlichkeiten und Geduld verwöhnen. Nicht selten knüpfen sich zwischen Großeltern und ihren Enkelkindern starke emotionale Bande, die für beide Glück bedeuten. Enkelkinder haben weitere Bezugspersonen und jemanden, der immer für sie da ist und ein offenes Ohr für ihre kleinen und großen Sorgen hat. Großeltern fühlen sich geliebt und gebraucht und laufen nicht Gefahr zu vereinsamen.

Natürlich gibt es auch unter den alten Menschen unbelehrbare, die weiter egoistisch, kampfbereit und aggressiv durchs Leben gehen. Die Regel ist es aber nicht.

4.8 Es regnet Rabatte

Du hast es geschafft und bist endlich in der glorreichen Zeit der Vergünstigungen angekommen. Im Kino, im Bus, im Museum, im Theater: Überall kommst du als Rentner günstiger rein. Und das genau jetzt, wo du auch wirklich genug Zeit für Reisen, Theaterbesuche und Museumsgänge hast. Jackpot!

Kapitel 5

Ängste

Du schaust in den Spiegel und merkst, dass dir was fehlt. Und du spürst, dass es deine Zukunft ist.

Woody Allen

So gesehen klingt das Alter doch schon recht einladend, oder? Wünschen wir uns nicht genau das seit Jahren: mehr Zeit, mehr Ruhe und mehr Gelassenheit? Warum bereitet einem die Vorstellung, alt zu sein, dann trotzdem manchmal Unbehagen?

5.1 Unsicherheit

Dieses Phänomen der Altersangst wurde wissenschaftlich untersucht, was zu interessanten Erkenntnissen führte. Unsere Angst vor dem Alter entspringt demnach vor allem dem Gefühl der eigenen Unsicherheit. Wir haben Furcht davor, nicht zu wissen, wie wir später mal aussehen oder wie wir uns fühlen werden.

Wir wissen nicht, wie wir mit persönlichen Verlusten zurechtkommen werden. Mehr und mehr werden wir mit der menschlichen Vergänglichkeit konfrontiert und natürlich ist der Tod für alte Menschen ein Thema, mit dem sie sich auseinandersetzen müssen. Nicht nur die Möglichkeit des eigenen Versterbens, sondern auch der Verlust von weiteren Familienmitgliedern, Freunden oder dem Lebenspartner werden mit den Jahren wahrscheinlicher.

5.2 Gerontophobie

Eng damit verknüpft ist die sogenannte Gerontophobie, die ein recht interessantes Phänomen ist. Diese umfasst die Angst vor dem Konzept des Alters. Alte Menschen erinnern uns an die eigene Vergänglichkeit, sie rücken den Tod in das Bewusstsein von Jüngeren. Nicht jeder ist dafür emotional gewappnet und projiziert seine eigenen Ängste auf alte Menschen.

„Die Alten tragen die Botschaft des Schicksals, das uns alle letztendlich erwartet", fasste der Psychoanalytiker Hyman L. Muslin das Problem in einem Satz zusammen. Personen, die große Angst vor dem Tod haben, fürchten sich gleichzeitig auch extrem vor dem Alter. Das Gleiche gilt übrigens auch für Menschen, die überdurchschnittlich große Angst vor dem Ungewissen haben – auch sie fürchten sich mehr vor dem Alter als jene, die sich eher mal auf unbekanntes Terrain wagen.

Das Tückische am Alter ist daher, dass es viele Veränderungen mit sich bringt, die wir erst einmal als Verluste begreifen. Die zunehmende körperliche Schwäche zwingt uns dazu, unsere Gewohnheiten zu verändern. Erlernte Routinen, die uns jahrelang durch den Alltag geholfen haben, greifen plötzlich nicht mehr. Für Menschen ist es außerordentlich schwierig zurückzustecken. Solange es bergauf geht, können wir uns schnell anpassen, doch etwas aufzugeben, das wir bereits besessen haben, ist eine Herausforderung für unser Gehirn.

Warum sollte es aber deine Stimmung verschlechtern, wenn du langsamer die Treppen hochgehst? Wieso solltest du unglücklicher sein, nur weil du häufiger mal deine Schlüssel verlegst? Es ist nicht der Zustand an sich, der dir Angst macht, sondern dich beunruhigt das Gefühl der Ungewissheit und der zunehmenden Beeinträchtigung deiner eigenen Fähigkeiten.

5.3 Verluste

Der Verlust geliebter Personen ist selbstverständlich für jeden Menschen ein lebensveränderndes Ereignis. Die Angst davor, die wir schon seit dem Kindesalter kennen und mit uns herumtragen, wird im Alter logischerweise viel präsenter. Die meisten Menschen haben im Alter von circa 50 Jahren schon mindestens einen schwerwiegenden Verlust bewältigen müssen. Das ist ein natürlicher Teil unseres Lebens.

Später im Buch werden wir noch intensiver auf dieses Thema eingehen und Strategien kennenlernen, die dabei helfen sollen, besser mit dem Tod eines Partners, Familienmitgliedes oder engen Freundes zurechtzukommen. Natürlich werden Todesfälle von

Zeiten der Trauer begleitet, doch wenn man sich für intensive Trauerarbeit öffnet, kann auch die Realität des Sterbens in ein zufriedenes Leben integriert werden.

Weil sie so stark von Irrationalität geprägt ist, wird übertriebene Angst vor dem Altern mittlerweile sogar als psychisches Krankheitsbild anerkannt und mit spezifischen Therapien behandelt.

Dort wird aktiv daran gearbeitet, Verlustängste zu bewältigen, damit kommende Veränderungen besser gemeistert werden können.

5.4 Altersarmut

Die Gefahr von Altersarmut gibt es zwar auch in unseren Breiten, überlege aber, ob du wirklich davon betroffen bist. Wenn du das Gefühl hast, dir nicht mehr alles leisten zu können, kläre doch einmal für dich ab, was du wirklich benötigst. Welchen Lebensstandard willst du haben? Kann es nicht ein bisschen weniger sein? Zum Beispiel eine kleinere Wohnung oder ein billigeres Auto? Frage dich, was dich an materiellen Gütern wirklich glücklich macht. Kannst du dir diese tatsächlich nicht mehr leisten?

Du wirst staunen, wenn du herausfindest, dass man auch mit viel weniger genauso glücklich sein kann. Gehe in dich und frage dich, was wirklich wichtig ist. Sind es nicht deine Familie und deine Freunde, die immer für dich da sind? Sind es nicht die Stunden, die du in netter Gesellschaft mit ihnen verbringst? Was ist mit den wunderschönen Erinnerungen an vergangene Erlebnisse? Machen dich diese nicht viel glücklicher als teure Designer-Kleidung?

Vielleicht solltest du sogar andenken, dich von vielen Dingen zu trennen, die du nicht mehr brauchst. Wozu unnötigen Ballast mit dir herumschleppen, wenn du vieles davon verschenken kannst an Personen, die damit viel mehr anfangen können? Noch dazu machst du so deinen Kindern oder Enkelkindern sicher eine große Freude. Ansonsten kannst du diese Dinge auch über Online-Plattformen oder auf Flohmärkten verkaufen oder an karitative Einrichtungen verschenken. Auch dort wird man dir für gut erhaltene Dinge dankbar sein. Behalten solltest du nur, was dir wichtig ist, weil bedeutsame Erinnerungen daran hängen oder du gewisse Gegenstände für dein tägliches Leben benötigst.

Schau dir auch deine finanzielle Situation genauer an. Gibt es Geldfresser, die jeden Monat ihren Tribut fordern, ohne dir Nutzen zu bringen? Dazu zählen etwa überflüssige Versicherungen oder Abonnements von Zeitschriften, die du ohnehin schon lange nicht mehr liest. Vielleicht zahlt es sich auch aus, diverse Anbieter für Telefon, Strom oder Wasser zu wechseln. Vergleiche die Tarife. Es könnte sich lohnen.

Natürlich kannst du dir auch etwas dazuverdienen. So besserst du deine monatliche Rente auf und gleichzeitig stehst du ständig in Kontakt mit Menschen. Das hält geistig und körperlich aktiv und fit.

5.5 Einsamkeit

Einsamkeit kann seelische Nöte auslösen und dadurch auch die Gesundheit gefährden, frei gewähltes (temporäres) Alleinsein hingegen das eigene Wohlbefinden fördern.

Im Allgemeinen gilt, dass sich soziale Kontakte positiv auf die Gesundheit auswirken, wobei jeder Mensch einen anderen Bedürfnisgrad für den Austausch mit anderen hat, den es zu respektieren gilt. Bisweilen kann man das Alleinsein auch von sich aus suchen und daraus Kraft schöpfen oder neue Erkenntnisse gewinnen. Anders verhält es sich, wenn man durchaus den Wunsch nach Kontakten in sich verspürt und ungewollt Einsamkeit empfindet. Dann kann diese zu einem nicht zu unterschätzenden Problem werden.

Ältere Menschen sind häufiger von Einsamkeit betroffen als jüngere, da bei ihnen die berufsbedingten sozialen Kontakte weggefallen sind, die Familien im Arbeits- oder Schulprozess stehen und nur beschränkte Zeitressourcen haben und der Freundeskreis durch den generellen fortschreitenden Alterungsprozess immer kleiner wird. Fehlende soziale Einbindung führt dann zu Gefühlen der Vereinsamung.

Vorübergehende Einsamkeit ist nichts Unübliches und daher meist auch nicht bedenklich. Sie trifft uns nach einer Trennung oder auch dem Tod einer geliebten Person. Dennoch ist sie oft ein vorübergehender Zustand, bis wir uns wieder motiviert fühlen, neue Sozialkontakte zu knüpfen und wiederum aktiv am Leben teilzuhaben.

Problematisch wird es, wenn uns dieser Schritt nicht gelingt und wir immer weiter in unsere ungewollte Einsamkeit versinken. Dann kann es leicht passieren, dass unser Selbstwert leidet und sich auch unser Verhalten verändert. Wir tun uns immer schwerer im Umgang mit unserem Umfeld und aufgrund unseres Benehmens werden oft auch Kontakte mit anderen immer schwieriger.

Leiden wir gar unter chronischer Einsamkeit und haben über mehrere Monate oder sogar Jahre kaum Sozialkontakte, verlieren wir zunehmend unsere sozialen Fähigkeiten. Es fällt uns immer schwerer, mit anderen zu kommunizieren und auch unser Verständnis für die Sorgen und Nöte unserer Mitmenschen nimmt ab. Dies verhindert aber auch, dass wir problemlos neue Kontakte knüpfen und uns wieder ein soziales Netzwerk aufbauen können. Durch diesen Teufelskreis nimmt die Einsamkeit weiter zu und nicht selten mündet sie in Depressionen oder gar im Suizid.

Vergessen werden darf auch nicht, dass wir uns sogar einsam fühlen können, wenn wir an sich über genügend soziale Kontakte verfügen. Gestalten sich diese jedoch nur sehr oberflächlich und kommt es nie zu einem tieferen Austausch bzw. entwickelt sich kein Gefühl der Zusammengehörigkeit, kann dies ebenfalls starke Einsamkeitsgefühle auslösen.

Soziale Beziehungen sind für eine gute Gesundheit und ein allgemeines Wohlbefinden von großer Bedeutung. Daher sind soziale Isolation und Einsamkeit auch als nicht unbeträchtliche Gesundheitsrisiken zu betrachten. Kommt es zu einer Somatisierung der Einsamkeitsgefühle, also beginnt sich unser seelischer Schmerz auf den Körper zu verlagern, kann das zu Blutdruckkrisen, Stress oder Schlafstörungen führen. Einsamkeit als psychisch gefühlter Schmerz kann mittels Magnetresonanztomografie im Gehirn sogar nachgewiesen werden.

Was kannst du tun, um Einsamkeit zu vermeiden?

Pflege deine sozialen Kontakte. Bemühe dich um zwei bis drei feste Bezugspersonen und stelle sicher, dass dein soziales Netzwerk immer erhalten bleibt. Sollte es aus welchen Gründen auch immer plötzlich reißen, bemühe dich augenblicklich um neue Sozialkontakte. Setze dir täglich neue Ziele, die du erreichen möchtest.

Im Idealfall sind das Aktivitäten, bei denen du auf andere Personen triffst. Auch wenn das Lösen von Kreuzworträtseln oder Sudokos kurzfristig entspannend und lustig sein kann, bringt es dich nicht in Gesellschaft von anderen. Also suche dir lieber Aktivitäten, die dich aus dem Haus treiben und dich veranlassen, Zeit mit anderen zu verbringen. Das können Kurse an der Volkshochschule sein oder aber auch ein interessanter Wochenendtrip, der von einem Seniorenverein organisiert wird.

Auch in einem Sportclub könntest du dich anmelden. Damit schlägst du gleich zwei Fliegen auf einen Schlag. Einerseits machst du Bewegung, was dir und deiner Gesundheit guttut und andererseits triffst auf eine Gruppe von Gleichgesinnten, mit denen du dann auch leichter soziale Kontakte knüpfen kannst.

Wofür immer du dich auch entscheidest, wichtig ist, dass du den anderen freundlich, mit einer offenen Ausstrahlung, positiven Gefühlen und am besten mit einem Lächeln auf den Lippen begegnest. Bemühe dich auch, authentisch zu sein. Es bringt nichts, dich zu verstellen. Andere wollen dich so kennenlernen, wie du bist. Nur dann können auch längerfristige und tragfähige soziale Kontakte entstehen.

Nicht immer werden aus Begegnungen gleich Lebensfreundschaften. Das muss auch nicht sein. Wichtig ist nur, dass du nicht enttäuscht bist, wenn es nicht gleich am Anfang so gelingt, wie du es dir vorgestellt hast. Gib dem Ganzen Zeit und du wirst sehen, dass du immer mehr Menschen kennenlernen wirst, unter denen sich auch welche befinden werden, mit denen engere Kontakte für beide Seiten vorstellbar sind. Dann kann eigentlich nichts mehr schiefgehen und es wird dir gar nicht schwerfallen, neue Freundschaften zu knüpfen.

Was Kontakte über das Internet angeht, ist Vorsicht geboten. Auch wenn man sich schnell und unproblematisch mit anderen austauschen kann, birgt das Medium aufgrund der Möglichkeit zur Anonymität gewisse Gefahren. Dessen solltest du dir stets bewusst sein.

Solltest du deine Einsamkeit allein nicht bewältigen können, empfiehlt es sich, professionelle Hilfe in Anspruch zu nehmen. Psychologen, Psychotherapeuten und Psychiater stehen für Beratungen und Behandlungen zur Verfügung. Zögere im Anlassfall nicht, dir rechtzeitig Hilfe zu holen. Du musst nicht leiden, es gibt genügend Unterstützungsangebote.

Ganz anders verhält es sich, wenn es immer wieder Zeiten gibt, wo dir der ganz Trubel zu viel wird. Wenn du dich dann nach Ruhe und Rückzug sehnst und gerne Zeit mit dir allein verbringen möchtest, solltest du diesem Bedürfnis unbedingt nachgeben.

Solche persönlichen Auszeiten lassen sich planen. Trage sie in deinem Kalender ein, damit klar ist, dass es sich dabei um Zeiten für dich allein handelt. Du kannst „deine" Termine ganz nach den persönlichen Vorlieben gestalten. Wenn du dich gerne mit einem guten Buch im Bett verkriechst, kann dir das genauso guttun, wie wenn du eine Ausstellung besuchst oder einen Spaziergang machst. Auch ein paar Tage allein auf einer Almhütte oder am Meer zu verbringen, können dir deine seelische Balance zurückgeben.

Auch wenn es manchmal nicht einfach ist, dir diese Auszeit innerfamiliär auszuhandeln, solltest du ohne schlechtes Gewissen darauf bestehen, wenn es dir und deiner Seele guttut.

Sollte es deine gegenwärtige Lebenssituation absolut nicht zulassen, suche innere Rückzugsmöglichkeiten bei Mediationen, Yoga- oder Achtsamkeitsübungen.

5.6 Krankheit und Gebrechlichkeit

Fast alle älteren Menschen wünschen sich das Ausbleiben einer schweren Krankheit, finanzielle Sicherheit und meist auch Nähe zur Familie. Kurz: Sie wünschen sich, dass die Lebensumstände ihres eigenen Alters es ihnen gestatten, möglichst sorgenfrei und zufrieden zu leben. Verständliche Wünsche, an deren Erfüllung man bereits im mittleren Alter arbeiten kann.

Körperliche und psychische Gesundheit gehören zu den wichtigsten Pfeilern für das Erschaffen der idealen Lebensumstände im Alter, weil sie uns ermöglichen, die positiven Seiten des Alters zu 100 % zu genießen. Deshalb kann man nicht früh genug damit anfangen, sich um sich selbst zu kümmern. Dazu gehören nicht nur sportliche Betätigung und die richtige Ernährung.

Wichtig ist auch, dass die psychische Gesundheit nicht durch zu viel Stress und unbewältigte emotionale Themen wie Ängste oder Traumata beeinträchtigt wird. Zum Glück ist es nie zu spät, damit anzufangen, sich selbst mit ein bisschen mehr Liebe und Achtsamkeit zu behandeln. Mehr dazu erfährst du in den folgenden Kapiteln.

Kapitel 6

Gesunde Ernährung

Glück, das ist einfach eine gute Gesundheit und .... ein schlechtes Gedächtnis.

Ernest Hemingway

Körperliche und mentale Gesundheit verlängert nicht nur unser Leben, sondern auch dessen wahrgenommene Qualität. Natürlich kannst du auch mit einer gesunden Lebensweise den Altersprozess nicht aufhalten. Allerdings sollten wir anstreben, dass übliche Anzeichen von Altersschwäche möglichst lange nicht zu einschränkenden gesundheitlichen Problemen führen und dass wir uns altersangemessen wohlfühlen können. Wir haben bereits gesehen, wie sehr uns der technische Fortschritt der modernen Medizin dabei unterstützt. Erstens sind viel mehr Krankheiten mittlerweile heil- oder gut behandelbar, zweitens existieren auch für viele Gebrechen nun sehr gute Hilfestellungen wie beispielsweise Brillen, Hörgeräte, elektrische Rollstühle oder schmerzlindernde Medikamente.

Doch auch unser Lebensstil hat sich im letzten Jahrhundert deutlich verbessert. Ärzte, Psychologen und Wissenschaftler forschen seit Jahrzehnten daran, wie und warum bestimmte Einflüsse auf den menschlichen Körper wirken und was ihm schadet. Außerdem leben wir heute viel sicherer vor Unfällen, sind weniger Umweltgiften ausgesetzt und leiden seltener unter Hunger und Kälte.

Natürlich bringt jeder Fortschritt auch Probleme mit sich. Obwohl Arbeit am Computer eindeutig weniger gesundheitsschädlich ist als tagtägliches Schuften am Fließband, kann das lange Sitzen trotzdem Rückenschmerzen hervorrufen und das lange Starren auf den Bildschirm zu Augenproblemen führen, wenn nicht auf entsprechenden Ausgleich geachtet wird.

6.1 Worauf bei der Ernährung zu achten ist

Beginnen wir mit den wichtigsten Ernährungstipps. Mittlerweile hat man das Gefühl, sich vor neuen Ernährungskonzepten fast nicht mehr retten zu können. Kaum ist das Thema zu einem globalen Trend geworden, tauchen ständig neue revolutionäre Ernährungspläne auf: von Veganismus und Low-Carb- über Keto- und Blutgruppendiäten bis hin zu Konzepten mit kryptischen Namen wie 16:08, 5-Elemente-Küche und Hay'sche Trennkost.

Hast du alles noch nie gehört? Musst du auch nicht. Wir wollen uns hier nicht mit einer bestimmten, von Vorschriften triefenden

Ernährungsform zum Erreichen eines bestimmten Body-Mass-Indexes beschäftigen, sondern herausarbeiten, welche Ernährungsmuster deine Gesundheit und dein Wohlbefinden nachhaltig steigern können und zudem altersgerecht sind. Auch der Verdauungstrakt verändert sich nämlich im Alter, nimmt an Leistungsstärke ab und arbeitet langsamer.

Die Darmflora von Senioren unterscheidet sich in der Anzahl und Variabilität der Darmbakterien von der junger Menschen. Zusätzlich wird im Alter weniger schützender Magenschleim produziert, was den Magen sehr viel sensibler macht.

Deshalb passiert es älteren Menschen, die ihre Essgewohnheiten beibehalten, oft, dass sie unter Verdauungsproblemen und Magenschmerzen leiden. Um dem vorzubeugen, solltest du dich frühzeitig darum bemühen, ungesunde Ernährungsmuster zu vermeiden.

Kalorienanzahl

Übergewicht ist ein schwerwiegender Faktor für die Entstehung vieler kardiovaskulärer Erkrankungen, Diabetes, Krebs und orthopädischer Leiden. Vor allem mit fortschreitendem Alter ist es ratsam, sich den neuen Gegebenheiten anzupassen und die Kalorienaufnahme entsprechend der reduzierten Fitness einzuschränken. Oft fällt es uns schwer, unsere Ernährung rechtzeitig umzustellen und anzupassen. Schließlich haben wir jahrzehntelang Marmeladenbrote zum Frühstück und Burger zum Abendessen gegessen und es geht uns gut. Noch.

Gewöhne dir an, mitzuschreiben, was du täglich isst und die Kalorien zu notieren. Das ist ganz einfach, da es dafür schon sehr gute Apps zum Herunterladen gibt.

Im Internet findest du Tabellen, auf denen du nachsehen kannst, wie hoch dein täglicher Kalorienbedarf ist. Dieser hängt ab von deiner Körpergröße, deinem Alter, deinem Geschlecht und deinen körperlichen Aktivitäten. Bestimmte Apps rechnen dir deinen Tagesbedarf gleich direkt aus. Dann weißt du immer genau, wie viele Kalorien du am Tag bereits gegessen hast und wie viele du noch zu dir nehmen darfst. Legst du am Abend noch eine längere Nordic Walking-Runde ein, sind es natürlich mehr.

Im Alter benötigen wir weniger Kalorien, da unser Grundumsatz sinkt. Eine Person, die im Alter von 25 Jahren noch täglich 2.500 Kilokalorien verbrannt hat, benötigt mit 65 Jahren rund 300 bis 500 Kilokalorien weniger. Diese Werte sind Durchschnittswerte und in jedem Alter abhängig vom individuellen Lifestyle. Bei sehr aktiven Menschen, die viel Sport betreiben, kann der tägliche Kalorienverbrauch um einiges höher liegen.

Dennoch sollst du jetzt nicht beginnen, panisch Kalorien zu zählen oder gar eine Diät zu machen. Im Gegenteil. Viel besser ist es, deine Ernährung und deinen Lebensstil generell zu überdenken und umzustellen. Dann ergeben sich die positiven Effekte auf deine Gesundheit ganz von selbst.

Und vergiss nicht: Es ist auch wichtig für die Lebensqualität, sich ab und zu die eine oder andere Kalorie zusätzlich zu gönnen, ohne ein schlechtes Gewissen zu bekommen. Dank einer Extrarunde im Park zeigt die Waage im Endeffekt nicht mehr an. Gerade auch im Alter benötigen wir dringend die gesunden Nährstoffe und

Vitamine aus der Nahrung. Daher lohnt es sich, das morgendliche Nutella-Brot mal gegen ein bisschen Obst zu tauschen. Die folgenden Tipps können dir dabei helfen, Kalorien zu reduzieren, ohne zu hungern.

Weniger Fett und Zucker

Mit einer reduzierten Aufnahme von gesättigten Fettsäuren und industriellem Zucker sorgst du bereits dafür, dass du nicht übermäßig viele Kalorien aufnimmst und eliminierst auch gleichzeitig zwei der ungesündesten Nahrungsmittel aus deinem Speiseplan, da diese unter anderem Schlaganfälle, Herz-Kreislauf-Erkrankungen und Arteriosklerose verursachen können.

Vor allem Trans-Fettsäuren aus frittierten Produkten gefährden die Gesundheit. Versuche also den Konsum von Fertigprodukten, Süßigkeiten, Fleisch und Softdrinks möglichst gering zu halten. Im Gegenzug kannst du aber bei ungesättigten Fettsäuren (in gesundem Ausmaß) gern zuschlagen: Olivenöl, Walnussöl, Leinöl, Lachs, Hering, Avocado – alle diese fettreichen Nahrungsmittel versorgen uns mit wichtigen Vitaminen und Omega-3- Fettsäuren.

Bunte Vielfalt

Auch wenn Avocado und Quinoa aktuell der letzte Schrei in der Ernährungsbranche sind, ist es absolut nicht notwendig, sich exotischer Zutaten aus aller Welt zu bedienen, um sich gesund zu ernähren. In Deutschland wächst eine große Vielfalt an Gemüse und Obst, die uns mit allen nötigen Nährstoffen versorgt.

Eine überwiegend pflanzenbasierte Ernährung gilt als Hauptfaktor für Gesundheit und Wohlbefinden. Besonders mediterrane und asiatische Esskulturen, die viel Gemüse und Fisch beinhalten, gelten als echter Jungbrunnen. Empfohlen wird, Obst und Gemüse aller Farben in die Ernährung zu integrieren. Grüne Gemüse stellen nämlich andere Nährstoffe zur Verfügung als rote oder gelbe.

Eiweiß für die Muskeln

Wie wir bereits angesprochen haben, nimmt die Muskelmasse im Alter tendenziell ab. Viel Bewegung und gezieltes, schonendes Muskeltraining können diesen Prozess aber verlangsamen. Auch bei der Ernährung solltest du an deine Muskeln denken, denn sie brauchen jetzt besonders viel Kraft. Das heißt: Proteine, Proteine, Proteine!

Im Idealfall kommen diese nicht ausschließlich aus tierischen Produkten, wie Fleisch, Fisch, Eiern und Milchprodukten, sondern auch aus Hülsenfrüchten, Nüssen und Vollkorngetreide. Hafer ist beispielsweise ein toller Eiweißlieferant.

In jedem Fall sollte die Ernährung viel Obst und Gemüse enthalten, denn Proteine sind relativ komplexe organische Verbindungen, die der Körper nur schwer aufnehmen kann. Pflanzliche Produkte liefern dem Körper die passenden Enzyme, um Eiweiße aufzuspalten und aufzunehmen. Als besonders hilfreich erweisen sich dafür die Obstsorten Papaya, Kiwi und Ananas, aber auch Fermente wie Kefir oder Sauerkraut.

. . .

Alkohol

Mittlerweile existiert eine solide Forschungsgrundlage mit einer Vielzahl von Studien, die nachweisen, dass sehr mäßiger (!) Alkoholkonsum zu einem längeren Leben führen kann. Trotzdem ist dieses Ergebnis mit einer gewissen Vorsicht zu betrachten, denn es ist immer noch unklar, ob wirklich die alkoholischen Getränke eine gesundheitsfördernde Wirkung haben oder ob Gelegenheitstrinker vielleicht in anderen Lebensbereichen gesünder leben als Abstinenzler. Fakt ist, dass Alkohol auf keinen Fall ungefährlich ist: Jährlich sterben knapp 75.000 Personen in Deutschland an den Folgen übermäßigen Konsums, also entweder an Folgeerkrankungen oder direkt an einer Alkoholvergiftung.

Der gemäßigte Konsum scheint zwar weitestgehend ungefährlich zu sein und der Genuss kann in manchen Fällen die Lebensfreude heben und daher der Gesundheit zuträglich sein. Doch wie alle Rauschmittel birgt auch Alkohol einen hohen Suchtfaktor in sich.

Gemäßigter Konsum kann schnell zu übermäßigem Trinkverhalten führen, wenn man nicht achtsam und selbstdiszipliniert ist. In Krisenzeiten greifen viele Menschen zur Flasche, um ihrem Schmerz zu entfliehen, was in einen Teufelskreis führen kann.

Ein Gläschen Wein am Abend oder mal ein paar Bier mit Freunden können Momente der Entspannung bieten, die du genießen solltest. Wenn du jedoch das Gefühl hast, deinen Konsum nicht mehr kontrollieren zu können, sollten die Alarmglocken klingeln.

Unser gewohnheitsliebendes Gehirn freundet sich nämlich schnell mit dem regelmäßigen Konsum an und verknüpft den Genuss von

Alkohol mit Entspannung, sozialem Austausch oder Spaß. Das kann dazu führen, dass wir plötzlich der Überzeugung sind, wir könnten uns gar nicht mehr ohne Wein entspannen oder ohne Bier Spaß haben.

Wasser! Wasser! Wasser!

Gerade ältere Menschen vergessen oft, ausreichend Flüssigkeit zu sich zu nehmen. Das kann daran liegen, dass das Durstempfinden gestört ist, was mit zunehmendem Alter häufiger auftreten kann. Menschen über 65 Jahren wird empfohlen, mindestens 1,5 Liter Wasser pro Tag zu trinken, bei Hitze oder körperlicher Anstrengung sogar mehr.

Wenn dem Körper ausreichend Flüssigkeit zur Verfügung steht, kann er Nährstoffe besser aufnehmen und transportieren sowie die Körpertemperatur leichter regulieren. Auch der Darm kann Nahrungsmittel leichter verdauen.

Natur statt Chemie

Apotheken und Drogeriemärkte sind voll von Nahrungsergänzungsmitteln. Es ist heutzutage gang und gäbe, seine Ernährung mit extra Vitaminen, extra Kalzium, extra Magnesium oder dergleichen „aufzuwerten“. Doch hierbei ist es ratsam, Vorsicht walten zu lassen. In Einzelfällen können Nahrungsergänzungsmittel durchaus sinnvoll eingesetzt werden, wenn beispielsweise ein akuter Mangel vorliegt oder der Körper aus irgendeinem Grund die Speicherfähigkeit für einen bestimmten Nährstoff verloren hat.

All das sollte man aber mit einem Arzt abklären. Viele Menschen kaufen jedoch Nahrungsergänzungsmittel ohne ärztlichen Rat. Diese sind einfach zu erhalten, gibt es sie doch in jedem Drogeriemarkt ohne Rezept. Gerade das „Sonnenvitamin“ Vitamin D wird häufig in Tablettenform gekauft, weil es der menschliche Körper nicht selbst produzieren kann, sondern nur durch Sonneneinstrahlung aufnehmen kann.

Im Winter, wenn man sich viel in Innenräumen aufhält und es kaum sonnige Tage gibt, greifen viele zu Vitamin-D-Tabletten. Was erst einmal logisch klingt, kann durchaus gefährlich werden. Die Tabletten sind meistens so stark konzentriert, dass sie ein Vielfaches jener Nährstoffmenge beinhalten, die der Körper aufnehmen kann.

Das kann gesundheitliche Schäden nach sich ziehen, weil das Gleichgewicht des Organismus gestört wird. Die Folgen können Muskelschwäche, Verdauungsstörungen und sogar Gefäßverkalkungen oder Nierenschäden sein. Was wenige wissen: Der Mensch kann die notwendige Menge Vitamin D auch im Winter und bei bewölktem Wetter aufnehmen. Ein halbstündiger Spaziergang an der frischen Luft deckt auch in der kalten Jahreszeit den Bedarf und hat nebenbei noch viele andere gesundheitliche Vorteile.

Es kann durchaus sein, dass dir eine gemäßigte Dosis an Nahrungsergänzungsmitteln guttut – aber sprich das auf jeden Fall immer vorher mit deinem Hausarzt ab.

6.2 Praktische Tipps für die Ernährungsumstellung

- Gesunde Ernährung beginnt bereits im Supermarkt. Wenn du es dir verkneifst, zur Schokoladentafel zu greifen und stattdessen einen Kilo Äpfel kaufst, wirst du auch Äpfel statt Schokolade essen.
- Gewöhne dir an, eine Obstschale auf den Esstisch zu stellen. Wenn das Obst immer bereitsteht, greifst du auch schneller mal zu.
- Das Gleiche gilt für deine Flüssigkeitszufuhr: Wenn du stets einen Wasserkrug (vielleicht sogar mit etwas frischer Minze oder Zitrone verfeinert) griffbereit stehen hast, erinnerst du dich automatisch daran, regelmäßig zu trinken und hast außerdem einen guten Überblick darüber, wie viel Wasser du schon getrunken hast. Du kannst es dir außerdem zur Gewohnheit machen, immer eine kleine Wasserflasche dabei zu haben.
- Beobachte dich selbst: Falls dir mal etwas schwer im Magen liegt, versuche dich daran zu erinnern, was dir nicht guttut. Wenn dir dein Körper entsprechende Signale sendet und du Schmerzen spürst, solltest du bestimmte Lebensmittel nicht mehr zu dir nehmen.
- Mit zunehmendem Alter wird einerseits der Stoffwechsel langsamer, andererseits kommt es auch zu einer Abnahme des Ausmaßes an körperlicher Aktivität. Dies führt dazu, dass unser täglicher Kalorienbedarf stetig sinkt. Passen wir unsere Essensgewohnheiten oder

sportlichen Aktivitäten nicht daran an, nehmen wir unweigerlich zu.

- Empfohlen werden fünf Portionen an gesunden Nahrungsmitteln pro Tag zu sich zu nehmen. Dazu zählen Obst, Gemüse, Salat und Vollkornprodukte. Eine Portion Obst oder Gemüse entspricht etwa jener Menge, die in einer Hand Platz findet. Dazu sollten regelmäßig fettarme Milch und Milchprodukte konsumiert und zumindest zwei Mal in der Woche Fisch gegessen werden. Fleisch und Wurst sollten hingegen nur maximal zwei Mal pro Woche verzehrt werden, am besten in einer fettarmen Variante. Ebenso empfohlen werden für den gesamten Zeitraum zwei bis drei Eier.
- Zurückhaltung rät sich bei süßen Sachen wie Pralinen, Schokolade, Kuchen oder Torten, Gebäck, Teigwaren bzw. Fetten und Ölen an. Pro Tag sollten es nicht mehr als ein bis zwei Esslöffel an Butter, Margarine, Ölen oder Fetten sein.
- Mit zunehmendem Alter nimmt das Durstgefühl ab, weshalb ältere Menschen oft nicht bemerken, dass sie nicht ausreichend trinken. Täglich sollten mindestens eineinhalb Liter an Flüssigkeiten konsumiert werden, selbst dann, wenn kein Durst verspürt wird.
- Empfehlenswert sind Leitungswasser, Mineralwasser sowie Früchte- und Kräutertees ohne Zucker. Stelle dir am besten bereits am Morgen jene Menge an Flüssigkeit bereit, die du den ganzen Tag über trinken sollst. Dann behältst du auch einen guten Überblick darüber, wie viel du täglich trinkst.

6.3 Einfache und gesunde Rezepte

Am gesündesten isst immer noch der, der selbst kocht. Vielleicht bist du ja schon passionierter Hobbykoch, aber auch wenn du bislang eher ein Kochmuffel warst, ist es nie zu spät, damit anzufangen.

Vielleicht inspirieren dich diese Rezepttipps:

Frühstück

Das Frühstück ist die erste Mahlzeit, die wir zu uns nehmen. So starten wir in den Tag! Nahrhafte Proteine und Vitamine beleben unseren Geist und geben uns die nötige Power, die wir für den Tagesbeginn brauchen. Zu viele Kohlenhydrate und Fette haben hingegen eine gegenteilige Wirkung: Da sie schwer zu verdauen sind, muss der Körper dafür viel Energie aufwenden, die ihm an anderer Stelle fehlt. Er reagiert mit Müdigkeit und Trägheit, die wir besonders morgens nicht brauchen können.

Haferbrei mit Früchten

Zutaten für 2 Personen:

- 200 Gramm Haferflocken
- 1 Teelöffel gemahlener Leinsamen
- 1 Teelöffel Honig oder Agavendicksaft
- 1 Prise Zimt

- Früchte nach Wahl

Lass die Haferflocken zusammen mit den Leinsamen bereits am Abend vorher quellen. Dafür reicht es, sie einfach in kaltem Wasser stehenzulassen. (Warum ist das wichtig? Hülsenfrüchte, Samen und Getreidekörner beschützen ihre Nährstoffe durch eine Art Schutzfilm aus Phytinsäure, der die Aufnahme wertvollen Kalziums, Magnesiums und Eisens verhindert. Doch sobald die Samen ein paar Stunden quellen, wird diese Säure abgebaut, weil sie sich auf das Wachstum zu einer neuen Pflanze vorbereiten.)

Morgens kannst du dann die Flocken und die Leinsamen mit etwas Zimt und Honig oder Agavendicksaft circa 5 Minuten aufkochen. In der Zwischenzeit Früchte schneiden, die du dann später unterrührst. Besonders gut schmeckt es mit Beeren oder Birnen.

Quarkauflauf

Zutaten für 2 Personen:

- 300 Gramm Magerquark
- 1 Ei
- ½ Päckchen Puddingpulver Vanille
- 150 ml Wasser oder Milch
- Früchte nach Wahl

Quark ist eine der besten Proteinquellen, die es gibt. Dieses einfache Gericht braucht zwar ein wenig länger im Ofen, ist aber toll für ein Brunch an einem gemütlichen Sonntag. Mische einfach Quark, Ei, Puddingpulver und Wasser (für einen intensiveren Geschmack kannst du Milch benutzen) und gib die Mischung in eine gefettete Auflaufform. Garniere sie mit Früchten deiner Wahl und backe das Ganze circa 60 Minuten bei 160 Grad Ober-/Unterhitze.

Griechischer Joghurt mit Nüssen

Zutaten für 2 Personen:

- 400 Gramm griechischer Joghurt
- 1 Teelöffel Honig
- 1 Teelöffel Kokosstreusel
- Circa 100 Gramm Nüsse und Kerne nach Wahl

Joghurt enthält neben Vitaminen und Proteinen auch viele Probiotika, die nachweislich die Verdauung anregen. Gerade für morgens ideal! Lecker ist der griechische Joghurt mit ein wenig Honig, Kokosstreuseln und gehackten Mandeln, Macadamianüssen und Walnüssen. Natürlich kannst du auch gern ein paar Früchte dazu tun.

Omelette

Zutaten für 2 Personen:

- 4 mittelgroße Eier
- ½ Tasse Milch
- ½ Zwiebel

- 200 Gramm Champignons Schnittlauch
- Salz
- Pfeffer
- Etwas Butter

Magst du es lieber ein wenig herzhafter, aber dennoch gesund zum Frühstück? Dann ist ein Omelette eine gute Variante, dich morgens mit Proteinen zu versorgen. Verzichte dabei auf Speck oder Käse, damit dir das Omelette nicht zu schwer im Magen liegt. Empfehlenswerter sind Pilze, Tomaten, Paprika oder Blattgemüse. Schneide zuerst das Gemüse in kleine Würfel und dünste es bei niedriger Temperatur an. Vermische dann die Eier mit der Milch und den Gewürzen. Am besten schlägst du sie in einer großen Schüssel mit einem Schneebesen, bis Luftblasen in der zähen Flüssigkeit zu sehen sind. Das kann auch mal drei bis vier Minuten dauern. Sind die Zwiebel glasig und die Pilze schon etwas geschrumpft, kannst du noch etwas Butter in die Pfanne geben und die Eiermasse gleichmäßig dazu schütten. Dabei bleibt die Temperatur auf einer niedrigen Stufe. Jetzt ist Geduld gefragt. Circa sechs bis neun Minuten braucht das Omelette. Nach zwei Minuten kannst du einen Deckel auf die Pfanne legen, damit sich die Hitze besser verteilt. Mit klein geschnittenem Schnittlauch ist das Gericht ein purer Genuss.

Grüner Smoothie

Zutaten für 2 Personen:

- 2 Hände voll Blattgemüse

- 1 Esslöffel Chia-Samen
- 500 ml Wasser oder Milch
- ½ Birne oder Apfel
- 1 Prise Salz
- Ein paar Blätter Minze

Grüne Smoothies sind auf jeden Fall eine der gesündesten und frischesten Frühstücksvarianten! Probiere es einfach mal aus, du wirst überrascht sein, wie lecker sie sind. Du benötigst dafür einen Pürierstab oder einen Smoothie-Maker. Als Blattgemüse würde ich dir für den Anfang Spinat, Salat oder Mangold empfehlen, weil diese relativ sanft im Geschmack sind. Wahre Liebhaber von Smoothies greifen auch gern mal zu Löwenzahn, Rucola oder sogar Möhrengrün und Radieschenblättern. Deiner Fantasie sind keine Grenzen gesetzt. Gerade saisonale Wildkräuter beinhalten oft viele Nährstoffe, die dein Immunsystem für die kommende Jahreszeit rüsten. Sie sind zudem 100 % bio. Hast du dein Blattgemüse ausgewählt und gewaschen, gib es nun zusammen mit den (bereits 12 Stunden in Wasser eingeweichten) Chiasamen, dem Wasser (oder der Milch), der halben Birne oder dem halben Apfel, der Minze und der Prise Salz in den Smoothie-Maker und mische die Zutaten ein paar Minuten lang gut durch. Wenn du möchtest, kannst du auch Eiswürfel dazu geben.

Mittagessen

Je älter du wirst, desto mehr solltest du darüber nachdenken, das Mittagessen statt des Abendessens zum „großen Essen“ des Tages zu küren. Traditionell ist das Abendessen das aufwändiger zubereitete, schwerere Essen.

Abends kommt die Familie zusammen, es werden vielleicht Gäste erwartet, eventuell wird sogar eine Flasche Wein geöffnet und es wird in Ruhe genossen.

Mittags ist dafür keine Zeit – ein paar Brote oder ein schneller Besuch in der Kantine sind für die meisten Vollzeit arbeitenden Menschen Normalität.

Eigentlich ist es aber gesünder, abends wenig und leicht zu essen. Gerade für ältere Menschen, die häufiger unter Magenproblemen und Schlafstörungen leiden können, ist es nicht gerade empfehlenswert, sich zu später Stunde noch eine Lasagne zu gönnen.

Mittags kannst du eher mal zuschlagen. Dein Verdauungstrakt ist bereits aufgewacht und arbeitet aktiv, sodass du ihm auch ein paar (gute) Fette und Kohlenhydrate zumuten kannst.

Da du im Rentenalter deine Zeit ohnehin besser einteilen kannst, hast du nun auch die Möglichkeit, dir um die Mittagszeit ein leckeres Gericht zuzubereiten und abends eher weniger zu essen. Hier findest du ein paar Rezeptideen:

Kartoffelsalat

Zutaten für 2 Personen:

- 300 Gramm festkochende Kartoffel
- 1 Zwiebel oder Schalotte
- 200 ml Bio-Gemüsebrühe

- 2 Esslöffel Apfelessig
- 2 Esslöffel Sonnenblumenöl
- Salz
- Pfeffer
- Schnittlauch und/oder Petersilie

Wie du bereits an der Zutatenliste siehst, hat dieser Kartoffelsalat nichts mit dem üblichen Kartoffelsalat mit Mayonnaise und Schinken zu tun. Mit diesem Rezept wird der Salat trotzdem schön saftig – ein purer Genuss, ohne allzu viele ungesunde Fette.

Im ersten Schritt kochst du die Kartoffel. Währenddessen kannst du schon mal die Zwiebel schneiden und einen halben Brühwürfel gemeinsam mit dem Apfelessig und 200 ml Wasser zu einer intensiven Brühe aufkochen.

Sobald die Kartoffel bissfest sind, nimmst du sie aus dem Wasser, schälst sie und schneidest sie in hauchdünne (!) Scheiben. Je dünner die Scheiben, desto besser nehmen sie die saftige Brühe auf.

Gib die Kartoffelscheiben zusammen mit der Zwiebel in eine Schüssel und gieße langsam und unter regelmäßigem Umrühren die warme Brühe darüber. Der Kartoffelsalat erhält dadurch eine geschmeidige Konsistenz.

Mit einem Geschirrtuch abgedeckt sollte der Salat ein bis zwei Stunden ziehen, damit die Kartoffel die Brühe richtig in sich aufnehmen. Erst kurz vor dem Essen garnierst du das Gericht mit etwas Sonnenblumenöl, Kräutern deiner Wahl und Pfeffer und Salz nach Belieben.

. . .

Butternut-Kürbis aus dem Ofen mit Dip

Zutaten für 2 Personen:

- 1 Butternut-Kürbis
- Etwas Olivenöl
- 2 Knoblauchzehen
- Salz
- Pfeffer
- Oregano, Thymian und/oder Rosmarin
- Etwas Honig
- 250 ml Sauerrahm
- ½ Zitrone
- Schnittlauch, Koriander und/oder Petersilie
- 1 kleines Stück Ingwer

Einfach und schnell in der Zubereitung, köstlich auf dem Teller – so lieben wir es! Heize den Backofen auf 180 Grad Ober-/Unterhitze vor. Schneide den Kürbis längs auf, entferne die Kerne und schneide die Oberfläche leicht rautenförmig an, sodass das Öl und die Gewürze besser einwirken können.

Auf einem Backblech garnierst du ihn mit Öl, etwas Honig, geschnittenem Knoblauch und Gewürzen deiner Wahl etwa Thymian und Rosmarin.

Während der Kürbis circa 45 Minuten im Backofen weich werden muss, hast du Zeit, den Dip zuzubereiten. Mische den Sauerrahm mit einer halben Zitrone, geriebenem Ingwer und den frischen Gewürzen.

Wenn du keinen Koriander magst, kannst du Petersilie oder Schnittlauch nehmen. Am besten stellst du den Dip in den Kühlschrank, bis der Kürbis aus dem Ofen kommt.

Wenn dieser noch zu hart ist, musst du ihn etwas länger backen lassen – am Ende sollte er butterweich sein.

Grünkohl-Quiche mit Parmesan und Salat

Zutaten für 2 Personen:

- 200 Gramm Grünkohl
- 1 Zwiebel
- 1 Knoblauchzehe
- 50 ml Gemüsebrühe
- 150 Gramm Vollkornmehl
- 75 Gramm Butter
- 2 Esslöffel Wasser Salz
- Pfeffer
- 2 Eier
- 50 Gramm Parmesankäse
- 1 Handvoll Basilikum
- 125 ml Milch
- Ggf. 150 Gramm Speck

Für den Salat:

- ½ Salatkopf
- 1 Handvoll Cherry-Tomaten
- 1 Schalotte Olivenöl

- Balsamico-Essig
- Honig

Eine leckere und gesunde Mittagsspeise, die viel Vitamin K und Calcium für die Knochenstärkung enthält. Beginne damit, das Gemüse zu hacken und gemeinsam mit der Brühe circa 15 Minuten in einem Topf zugedeckt zu dünsten.

Achte dabei auf eine mittlere Hitze, damit nichts anbrennt. Das Mehl, die Butter, das Wasser und das Salz zu einem Teig verkneten, ausrollen und in eine Backform legen. Den Backofen kannst du schon einmal auf 180 Grad vorheizen. Als letztes hackst du das Basilikum und vermischst es mit der Milch, den Eiern und dem geriebenen Parmesan und würzt nach Geschmack mit Salz und Pfeffer.

Drücke die Grünkohlmischung aus, sodass sie ein wenig an Flüssigkeit verliert und vermische sie gegebenenfalls mit Speckwürfeln. Diese Mixtur verteilst du auf deinem Quiche-Boden und kippst den Basilikum-Eier-Parmesan- Guss darüber. Nach 40 Minuten im Backofen ist die Quiche fertig.

Wenn du willst, kannst du während dieser Zeit einen kleinen Salat aus Salatblättern deiner Wahl mit Cherrytomaten oder anderen Zutaten zubereiten.

Ein leckeres Dressing gelingt dir, wenn du eine Schalotte in kleinstmögliche Würfel schneidest und sie mit Honig, Olivenöl, Salz und Balsamico-Essig vermengst. Lass das Dressing ein wenig stehen, davon wird es nur besser. Kurz vor dem Essen kannst du es dann über den Salat geben.

. . .

Gefüllte Paprika mit Hackfleisch und Reis

Zutaten für 2 Personen:

- 2 große Paprika
- 150 Gramm Vollkornreis
- 200 Gramm Biohackfleisch
- 1 Lauch
- ½ Zwiebel
- Knoblauchzehen
- Etwas Tomatenmark
- ½ Glas Rotwein
- Paprikapulver
- Salz
- Pfeffer

Wer noch viel Energie für den Tag braucht, benötigt ein gehaltvolles Mittagessen. Beginne damit, den Reis zu kochen. Am besten nimmst du Vollkornreis, der hat zwar eine relativ lange Kochzeit, aber versorgt dich mit viel mehr Mineralien und Spurenelementen als normaler Reis. Außerdem hält er dich länger satt.

Während der Reis kocht, kannst du die Deckel der Paprika entfernen und die Früchte von ihren Kernen befreien. Schneide die Zwiebeln und den Lauch in kleine Stücke und brate sie zusammen mit dem Hackfleisch kurz an.

Du kannst das Hackfleisch auch mit einem halben Glas Rotwein ablöschen. Dann gibst du die Hälfte der Brühe, ein Löffelchen Tomatenmark und das Paprikapulver hinzu und lässt das Ganze nochmal drei Minuten köcheln. Zu dieser Masse gibst du den fertig gekochten Reis und schon kannst du anfangen, die Paprikaschoten zu füllen.

Diese stellst du in eine Auflaufform, die du mit dem Rest der Brühe auffüllst. Das Ganze muss für circa 30 Minuten bei 180 Grad Umluft in den Ofen.

Gebackener Ricotta mit Tomaten und frischem Vollkornbaguette

Zutaten für 2 Personen:

- 1 Packung Ricotta
- Schale einer Bio-Zitrone
- 1 Esslöffel Olivenöl
- Kräuter (Rosmarin, Thymian, Oregano, Salbei o. ä.)
- 1 Handvoll Cherry-Tomaten
- 1 Knoblauchzehe
- 1 Zwiebel
- ¼ Chilischote Salz
- Pfeffer Balsamico-Essig
- Optional: Oliven
- Ein paar Scheiben Vollkornbaguette

Ricotta ist ein vergleichsweise magerer Käse, der aber viele Mineralien wie Calcium, Kalium und Phosphor enthält und eine wertvolle Eiweißquelle ist. Dieses Rezept lässt sich leicht umsetzen und ist blitzschnell fertig. Einfach den Ricotta als Ganzes in eine Auflaufform geben und die Schale einer halben Zitrone darüber reiben.

Den Rest der Auflaufform mit geschnittenen Tomaten, Knoblauch und Zwiebeln füllen. Die ganze Form mit Salz, Kräutern deiner Wahl und Chiliflocken bestreuen und abschließend mit Balsamico-Essig und Olivenöl übergießen. Schwarze Oliven sind dazu auch sehr lecker. Bei 180 Grad Umluft circa 25 Minuten backen und dann mit frischem Vollkornbaguette genießen.

Abendessen

Mehr und mehr Leute verzichten mittlerweile komplett auf ihr Abendessen, um abzunehmen oder gut schlafen zu können. Das ist nicht unbedingt notwendig, wenn man gesund isst. Dennoch sollte das Abendessen möglichst leicht gestaltet werden, indem es mit wenig langkettigen Kohlenhydraten, Zucker und tierischen Proteinen wie Fleisch, Fisch und Eiern zubereitet wird.

Außerdem solltest du dein Abendessen ungefähr drei Stunden vor dem Zubettgehen zu dir nehmen. So kannst du sicher sein, dass deine Verdauung dich nicht vom Schlafen abhält.

Linsensuppe auf indische Art

Zutaten für 2 Personen:

- 100 Gramm rote Linsen
- 200 ml Kokosmilch
- 1 Zwiebel
- 1 Koblauchzehe

- 1 große Möhre
- 1 frische Tomate
- ½ gelbe Paprika
- 1 kleine Zitrone
- 20 Gramm Butter
- 300 ml Bio-Gemüsebrühe
- 500 ml Dosentomaten
- 1 Teelöffel Currypulver
- 1 Teelöffel Kreuzkümmel Salz
- Pfeffer
- 1 Bund Koriander oder Petersilie
- Nach Belieben Chilischoten

Der gute alte Linseneintopf ist zwar ein Klassiker, doch kann er auf Dauer etwas eintönig werden. Probiere es doch mal mit der würzigen indischen Variante.

Wenn du Schärfe nicht gut verträgst oder nicht magst, kannst du auf die Chilischoten auch verzichten.

Presse zuerst die Knoblauchzehe und schneide das restliche Gemüse in kleine Würfel. Erhitze die Butter in einem großen Topf und dünste erst Zwiebel, Möhre, Knoblauch (und evtl. Chili) darin.

Nach drei Minuten gib die Paprika und die Tomate hinzu. Jetzt kannst du auch schon das Currypulver und den Kreuzkümmel beimengen.

Nach weiteren fünf Minuten bei niedriger Hitze fügst du die Dosentomaten, die Kokosmilch, die Brühe und die Hälfte des Zitronensaftes hinzu.

Deine Suppe soll jetzt etwa 20 Minuten bei niedriger Hitze köcheln, bevor du die Linsen hinzugibst und noch einmal zehn Minuten wartest, bis diese weich gekocht sind.

Mit Salz und Pfeffer abschmecken. Wenn du sie serviert hast, kannst du die Suppe mit noch etwas Zitrone beträufeln und Koriander oder Petersilie darüber streuen.

Butterkartoffel mit selbstgemachtem Apfelrotkohl

Zutaten für 2 Personen:

- 250 Gramm Kartoffel
- ½ Kopf Rotkohl
- 1 kleiner Apfel
- 1 Zwiebel
- 1 Knoblauchzehe
- 2 Lorbeerblätter
- 2 Esslöffel Balsamico-Essig
- 2 getrocknete Nelken oder 1 Teelöffel Nelkengewürz
- ½ Teelöffel geriebene Muskatnuss
- ½ Glas Rotwein Salz
- Pfeffer
- 50 Gramm Butter

Gerne wird Apfelrotkohl tiefgekühlt, aus dem Glas oder aus der Dose gekauft. Mittlerweile gibt es da sehr hochwertige und leckere Varianten, doch nichts geht über die selbstgemachte Version! Die Zubereitung ist gar nicht so schwierig, wie du vielleicht denken magst. Wichtig ist, dass du die winterlichen

Gewürze, Nelke und Muskatnuss, parat hast und auch der Rotwein darf nicht fehlen.

Beginnen solltest du damit, die Kartoffel zu kochen, weil das bis zu 40 Minuten dauert. Dann kannst du dich ganz dem Rotkohl widmen: Schneide zuerst die Zwiebel in Würfel und den halben Kopf frischen Rotkohls in dünne Scheiben. Erhitze eine ordentliche Menge Öl in einer großen Pfanne und dünste die Zwiebeln und den Rotkohl circa fünf Minuten bei niedriger Hitze an.

Dann gibst du gepressten Knoblauch und die kleinen Apfelstückchen gemeinsam mit den Gewürzen (Muskatnuss, Lorbeerblätter, Nelke) hinzu und lässt das Ganze weitere 15 Minuten köcheln.

Zum Schluss löschst du den Rotkohl mit dem Rotwein ab und fügst Pfeffer und Salz nach Belieben bei. Du kannst auch ganze Pfefferkörner benutzen, was einen tollen Effekt hat. Der Rotkohl muss jetzt noch 10 Minuten köcheln, bis er fertig ist.

Zerlasse zum Schluss die Butter über den gekochten Kartoffeln und serviere sie zusammen mit dem Apfelrotkohl.

Kohlsalat im „Coleslaw"-Stil mit Kartoffelpüree

Zutaten für 2 Personen:

- 250 Gramm Kartoffel
- 100 ml Sahne
- 50 Gramm Butter
- 2 Messerspitzen Muskatnuss
- ½ Weißkohl

- 1 Handvoll Sonnenblumenkerne
- 2 Möhren
- 1 Zwiebel
- 1 Esslöffel brauner Zucker Salz
- Pfeffer
- Sonnenblumenöl
- Saft einer halben Zitrone

Dieses Gericht schmeckt am besten, wenn man zeitig mit dem Kochen anfängt. Das liegt vor allem am frischen Kohl. Wenn man den dünn geschnittenen Weißkohl mit einem Esslöffel braunem Zucker und einer Prise Salz vermengt und circa zwei Stunden abgedeckt stehen lässt, wird dieser schön zart und weich.

Für das Kartoffelpüree setzt du Kartoffel auf. Während diese kochen, kannst du die Möhren reiben und die Zwiebel klein schneiden und beides zum Kohl dazu geben. Die Sonnenblumenkerne schmecken am besten, wenn du sie leicht geröstet darüberstreust. Dazu passt ein Dressing aus Sonnenblumenöl und Zitronensaft. Jetzt sind auch die Kartoffel fertig und wollen geschält und gestampft werden. Neben der Muskatnuss gib etwas Sahne und Butter als Geschmacksträger hinzu.

Rote-Beete-Suppe mit Kürbiskernen

Zutaten für 2 Personen:

- 3 mittelgroße Rote-Beete-Knollen
- 1 Zwiebel
- 1 Handvoll Kürbiskerne

- 2 Esslöffel Kürbiskernöl
- 500 ml Wasser Salz

Diese Suppe ist extra leicht und trotzdem nahrhaft und gesund, da die Rote Beete sehr viel Eisen, Magnesium, Folsäure und Vitamin C enthält und das Kürbiskernöl vor allem Vitamin E und Linolsäure.

Koche die drei Rote-Beete-Knollen bis sie weich sind. Je nach Größe kann das zwischen 20 und 45 Minuten dauern. Dünste die Zwiebel mit etwas Salz an und püriere sie danach gemeinsam mit den Knollen und dem Wasser. Die Suppe garnierst du mit den Kürbiskernen und einem Schuss Kürbiskernöl.

Gemüsemedaillons auf buntem Salatbett

Zutaten für 2 Personen:

- 1 mittelgroße Zucchini
- 1 Möhre
- ½ Zwiebel
- 1 kleine Knoblauchzehe
- 2 Esslöffel geschrotete Leinsamen
- 3 Esslöffel Speisestärke
- ½ Bund Koriander oder Petersilie
- ½ Teelöffel Paprikapulver
- 1 Prise Muskatnuss
- Salz
- Pfeffer

Für den Salat:

- 350 Gramm Rucola
- 1 Handvoll Cherrytomaten
- 1 Handvoll Pinienkerne
- ½ Apfel
- 1 Möhre
- 1 Schalotte
- 4 Esslöffel Olivenöl
- 1 Esslöffel Balsamico-Essig
- 1 Teelöffel Honig Salz
- Pfeffer

Die Gemüsemedaillons sind eine ideale, leichte Alternative zu Frikadellen. Alle Gemüsezutaten (Zucchini, Karotten, Zwiebel, Knoblauch) müssen entweder gerieben oder sehr klein gehackt werden. Die Zucchiniraspel nach dem Schälen am besten mit den Händen ausdrücken, sodass die Flüssigkeit ein wenig abtropft.

Zusammen mit der gehackten Petersilie, dem Leinsamen, den Gewürzen und der Stärke eine pappige Masse kneten, aus der man kleine Medaillons formen kann. Diese brauchen in einer Pfanne auf mittlerer Hitze nur circa fünf Minuten, bis sie von beiden Seiten schön braun sind.

Für den Salat schneidest du alle Zutaten klein und reibst die Möhre. Die Pinienkerne schmecken am besten, wenn sie leicht geröstet sind. Mit der Schalotte kannst du ein leckeres Dressing zubereiten, indem du sie klein gerieben mit Öl, Essig, Honig, Salz und Pfeffer mischst.

Kapitel 7

Bewegung und körperliche Fitness im Alter

Alter ist kein Zustand der Aufgabenlosigkeit und der passiven Ruhe.

Norbert Blüm

Nicht umsonst heißt es „Wer rastet, der rostet". Wie sich unser Körper mit voranschreitendem Alter verändert, haben wir zu einem großen Teil selbst in der Hand.

Regelmäßige Bewegung hat in jedem Alter große Vorteile, da Fitness und physische Belastbarkeit verbessert werden. Sportliche Betätigung beugt den meisten chronischen Erkrankungen vor und verbessert auch die Regenerationszeit nach einer Erkrankung oder einer Verletzung. Das Immunsystem, die Knochendichte und das gesamte Herz-Kreislauf-System werden gestärkt und sind leistungsfähiger.

Nicht nur der Körper, sondern auch der Geist profitiert von Bewegung. Die Gehirndurchblutung verbessert sich und damit auch die Gehirnfunktion.

Die Neubildung von Nervenzellen wird ebenso gefördert. Sport kann auch eine positive, antidepressive Wirkung auf die Psyche entfalten, weil durch sportliche Betätigung Endorphine freigesetzt und Stress abgebaut werden können.

Obwohl man mit Sport immer gut beraten ist, sollte man dennoch aufpassen, dass er richtig betrieben wird. Gerade Menschen, die vorher keinen oder wenig Sport gemacht haben, laufen Gefahr, sich bei ihren ersten übermotivierten Sportprojekten zu verletzen. Genau das darf natürlich nicht passieren.

Sport soll uns fitter, fröhlicher und gesünder machen. Wer sich gleich zu Anfang eine Läsion zuzieht, ist danach wahrscheinlich wenig motiviert, den sportlichen Weg weiterzugehen und verpasst damit eine große Chance auf körperliches Wohlbefinden im Alter.

Wenn du bereits eine sportliche Routine für dich erarbeitet hast, die dich zufrieden stellt, ist das wie ein Jackpot. Halte daran fest und betätige dich auch weiter regelmäßig sportlich. Sowohl Kraft- als auch Ausdauertraining sind von großer Bedeutung. Das eine verhindert einen schnellen Muskelabbau und das andere hält deinen Körper fit und beweglich. Balanceübungen reduzieren die Sturzgefahr.

Das folgende Kapitel ist primär an jene gerichtet, die bislang wenig oder keinen Sport betrieben haben und gerne damit anfangen wollen. Es ist übrigens vollkommen unerheblich, wie alt du bist: Mit regelmäßiger Bewegung zu beginnen, lohnt sich zu jeder Zeit! Es ist nie zu spät, seine Fitness zu verbessern.

Wissenschaftler und Ärzte bestätigen, dass die eigene Leistungsfähigkeit bis ins hohe Alter verbessert werden kann. Tatsächlich reicht es für Sechzigjährige aus, ein Jahr lang zu trainieren, um ihre Muskelkraft zu verdoppeln.

Auch mit 80 Jahren kann man immer noch Muskelmasse dazu gewinnen. Sportlichkeit ist daher keineswegs eine Frage des Alters. Ein sportlicher Siebzigjähriger kann durchaus über ein größeres Lungenvolumen verfügen, eine bessere Ausdauer aufweisen und mehr Muskelkraft haben als ein untrainierter Dreißigjähriger.

7.1 Wozu dient sportliche Betätigung?

Indem du gezielt Sport betreibst, verbesserst du deine:

Kraft

Muskelkraft hilft dir vor allem beim Tragen, Heben oder Schieben von Gegenständen, aber auch beim Bewältigen von Steigungen, dem Treppensteigen und sogar beim Aufrechtsitzen.

Wer mehr Muskeln besitzt, führt Bewegungen in der Regel sicherer aus und verletzt sich seltener. Wichtig ist es auch, so dem Verlust von Muskeln Einhalt zu gebieten.

Ab dem 30. Lebensjahr verliert etwa eine Frau im Laufe ihres weiteren Lebens bis zu 23 % an Muskelmasse. Dies kann nur verhindert werden, wenn die Muskeln regelmäßig trainiert werden.

Beweglichkeit

Einfach mal kurz in die Hose zu schlüpfen, kann irgendwann zu einem aufwändigeren Prozess werden. Doch indem du deine Beweglichkeit trainierst, bleibst du wendig und gelenkig.

Geschicklichkeit

Gleichgewicht und Körperkoordination helfen dir dabei, Stürze zu vermeiden und deine Bewegungen besser zu kontrollieren. Eine gute Motorik hat auch positive Auswirkungen auf die Leistungsfähigkeit des Gehirns.

Ausdauer

Mehr Ausdauer bedeutet ein größeres Lungenvolumen, ein stärkeres Herz-Kreislauf-System und einen aktiveren Stoffwechsel. Auch die kognitive Leistung wird dadurch verbessert.

Ein perfektes Training deckt die genannten vier Punkte ab und beinhaltet somit Einheiten zum Ausdauertraining und solche zum Muskelaufbau. Dazu kommen Geschicklichkeitsübungen. Vor und nach jeder Trainingseinheit solltest du Dehnungsübungen einbauen.

7..2 Sport - Wie oft und wie lange?

Es kommt bei dieser Frage auf die wahrgenommene Intensität der sportlichen Betätigung an. Betrachten wir erst einmal die Ausdauereinheiten: Als mäßig anstrengende Ausdauerübungen gelten zum Beispiel Spaziergänge, Nordic Walking, Radfahren oder Wassergymnastik, also Aktivitäten, bei denen man sich noch unterhalten, aber nicht mehr singen kann. Zu hoch anstrengenden ausdauernden Betätigungen zählen Sportarten, bei deren Ausübung man sich nicht oder kaum noch unterhalten kann wie etwa Joggen, Schwimmen oder Skifahren. Die genaue Zuordnung bleibt jedoch immer dir überlassen. Was du als hoch anstrengend empfindest, gilt für dich auch als hoch anstrengend.

Wenn du es vorziehst, Übungen mit mittlerem Anstrengungsgrad auszuüben, solltest du dafür wöchentlich circa 2,5 Stunden aufwenden. Wenn du hoch anstrengende Trainingseinheiten wählst, reichen 1,5 Stunden. Du kannst natürlich auch die Intensitäten mischen und beispielsweise 60 Minuten mäßig anstrengende Trainings absolvieren und 45 Minuten hoch anstrengende.

An zwei Tagen solltest du jeweils zusätzlich 20-minütige Muskel- und Geschicklichkeitsübungen einbauen. So kommst du insgesamt auf eine minimale Wochentrainingszeit von guten zwei bis drei Stunden. Natürlich kannst du auch mehr trainieren. Untrainierte Personen sollten aber zu Trainingsbeginn unter den vier Wochenstunden bleiben und das Trainingsprogramm erst langsam auf fünf oder sechs Stunden steigern. Wie du deine Trainingszeiten verteilst, spielt eigentlich keine Rolle. Am Anfang kannst du dich auch für kurze Intervalle von 10 bis 20 Minuten entscheiden.

Wenn du einen Kurs besuchst, dauert dieser zwar wahrscheinlich mindestens 45 Minuten, aber die Anwesenheit eines professionellen Trainers und anderer Teilnehmer steigert ganz automatisch deine Motivation und Leistungsfähigkeit.

Diese Werte gelten übrigens für jedes Alter. Auch mit 80 Jahren empfiehlt es sich, auf zwei bis drei Wochenstunden an körperlicher Aktivität zu kommen – natürlich immer im Rahmen des Möglichen und unter Beachtung des individuellen Gesundheitszustandes. Doch sogar im Rollstuhl hat man noch die Möglichkeit, seine Arme und Hände zu trainieren. Nie aufgeben, heißt die sportliche Devise!

7.3 Was ist der richtige Sport für mich?

Diese Frage kannst du dir am Ende nur selbst beantworten. Wichtig ist, dass du eine Betätigung findest, die dir Freude bereitet. Später werden wir ein paar Muskeltrainings kennenlernen, die du zu Hause durchführen kannst. Es ist immer von Vorteil, wenn du dich mit Freunden oder einer Gruppe sportlicher Menschen deines Fitnesslevels zusammentun kannst. Das macht einfach mehr Spaß und hebt außerdem die Motivation.

Wenn du bislang sehr wenig aktiv warst und eventuell ein wenig Übergewicht hast, ist das gar kein Problem – achte nur darauf, mit mäßig anstrengendem Sport einzusteigen, bevor du zu intensiveren Sportarten übergehst. Regelmäßiges zügiges Spazierengehen, Nordic-Walking oder gemütliches Joggen sind perfekt für Einsteiger. Achte dabei regelmäßig auf deinen Puls. Sobald er viel höher ansteigt als „180 minus dein Lebensalter“, verringere die Intensität deiner sportlichen Aktivität ein wenig.

Wenn du an spirituellen Sportarten wie Yoga oder Pilates interessiert bist, gibt es bestimmt entsprechende Seniorenkurse in deiner Nähe. Diese Sportarten sind sehr gelenkschonend und arbeiten gezielt am Muskelaufbau. Auch Wassergymnastik oder Schwimmen bieten sich als schonende Einstiege in eine aktive sportliche Betätigung an.

Vielleicht hast du ja die richtige Sportart für dich schon gefunden, vielleicht brauchst du aber auch noch etwas Hilfe bei der Entscheidung. Schauen wir uns daher mal die einzelnen Disziplinen genauer an. Die drei beliebtesten Ausdauersportarten sind ohnehin Joggen, Radfahren und Schwimmen, wobei sich die gesundheitlichen Effekte dieser Sportarten sehr ähneln.

Joggen

Joggen ist besonders einfach auszuüben, weil du wenig Equipment brauchst und es überall machen kannst. Beim Laufen bist du an der frischen Luft und kannst die Umgebung erkunden. Wenn du mehr Motivation brauchst, höre dabei mit den Kopfhörern deines Handys Musik. Leidest du allerdings unter Gelenkschmerzen oder Knieproblemen, solltest du lieber aufs Joggen verzichten.

Auch wenn du nicht viel zum Joggen benötigst, ist eines wichtig: gute Laufschuhe! Beim Joggen lastet circa vier Mal so viel Gewicht auf deinen Knien wie beim Gehen. Bei einer Person mit 70 Kilogramm Körpergewicht sind das dann 280 Kilo. Gute Schuhe mit einer professionellen Dämpfung fangen diese Belastung ab. Laufhosen, Laufshirts, Laufuhren und so weiter kannst du dir später zulegen, aber Laufschuhe sind elementar.

Beginne deine Laufeinheiten behutsam mit einem Wechsel aus langsamem Laufen und zügigem Gehen. Es ist besser, langsam anzufangen und dafür eine gewisse Regelmäßigkeit des Trainings zu erreichen. Idealerweise schaffst du gleich zu Beginn drei bis vier Mal die Woche für eine jeweils eine halbe Stunde laufen zu gehen und Woche für Woche deine Intensität zu steigern. Das könnte in etwa so aussehen:

Woche 1:

5 x 2 Minuten Joggen und 1 Minute Gehen

4 x 3 Minuten Joggen und 1 Minute Gehen

Woche 2:

5 x 3 Minuten Joggen und 1 Minute Gehen

2 x 4 Minuten Joggen und 1 Minute Gehen

Woche 3:

3 x 5 Minuten Joggen und 1 Minute Gehen

1 x 10 Minuten Joggen und 2 Minuten Gehen

Woche 4:

2 x 8 Minuten Joggen und 2 Minuten Gehen

1 x 10 Minuten Joggen

Woche 5:

3 x 10 Minuten Joggen und 2 Minuten Gehen

Woche 6:

2 x 15 Minuten Joggen und 2 Minuten Gehen

Woche 7:

1 x 10 Minuten Joggen und 2 Minuten Gehen

1 x 20 Minuten Joggen

Woche 8:

1 x 30 Minuten Joggen

Fahrradfahren

Radfahren bringt ähnliche Vorteile wie Joggen mit sich. Du verbringst Zeit an der frischen Luft und bist auch relativ flexibel bei der Ausübung deiner Sportart. Du benötigst nur ein verkehrstüchtiges Fahrrad. Ob es die perfekte Sportart für dich ist, hängt auch von deinem Standort ab. Wenn du in Mecklenburg-Vorpommern wohnst, fällt dir Radfahren wahrscheinlich leichter, als wenn du in den Voralpen lebst. Nichtsdestotrotz haben auch Steigungen und Gefälle auf dem Rad durchaus ihren Reiz!

Die Anschaffung eines guten Fahrrads ist natürlich erst einmal teurer als jene von Laufschuhen. Allerdings ist das Radfahren sehr viel gelenkschonender als das Laufen. Die Bewegung auf dem Rad lässt sich außerdem perfekt in den Alltag einbauen, indem du einfach einige Strecken, die du zurücklegen musst, von nun an radelst.

Auch beim Radfahren gilt: Fange langsam an! Fahre die ersten Wochen in einem Tempo, in dem du dich noch gut unterhalten könntest, und begrenze die Fahrzeit auf 15 Minuten. Woche für Woche kannst du dann immer schneller werden und auch längere Ausflüge machen, bis du eine halbe oder gar eine Stunde am Stück unterwegs sein kannst.

Schwimmen

Für viele ist der Gang zum Schwimmbad ein aufwändiger Akt. Hinfahren, umziehen, schwimmen, abtrocknen, nochmal umziehen... Dazu motiviert sich nicht jeder. Es kann sich aber lohnen! Schwimmen ist ein hervorragendes Training für den ganzen Körper. Besonders die Rückenmuskulatur wird hier gestärkt, während gleichzeitig die Gelenke maximal geschont werden. Schwimmen, egal in welchem Tempo, ist ein sehr intensiver Sport, der viele Muskelgruppen gleichzeitig beansprucht.

Du wirst es also als Ungeübter kaum schaffen, eine halbe Stunde zu schwimmen, auch nicht mit Pausen. Vielmehr solltest du – ähnlich wie beim Laufen – einem Wochenplan folgen. Dabei gehst du idealerweise zwei bis drei Mal die Woche ins Schwimmbad. Hier bietet sich ein 12-Wochen-Plan an, um deine Fitness kontinuierlich zu steigern.

Und vergiss nicht: Es gibt keinen Leistungsdruck, es geht nur um dein Wohlbefinden!

. . .

Woche 1:

5 x 1 Minute Schwimmen und 1 Minute Pause

5 Minuten Pause

5 x 2 Minuten Schwimmen und 1 Minute Pause

Woche 2:

5 x 2 Minuten Schwimmen und 1 Minute Pause

5 Minuten Pause

5 x 2 Minuten Schwimmen und 1 Minute Pause

Woche 3:

5 x 3 Minuten Schwimmen und 1 Minute Pause

5 Minuten Pause

5 x 3 Minuten Schwimmen und 1 Minute Pause

Woche 4:

5 x 3 Minuten Schwimmen und 1 Minute Pause

5 Minuten Pause

3 x 5 Minuten Schwimmen und 1 Minute Pause

Woche 5:

6 x 5 Minuten Schwimmen und 1 Minute Pause

Woche 6:

4 x 5 Minuten Schwimmen und 1 Minute Pause

5 Minuten Pause

1 x 10 Minuten Schwimmen

Woche 7:

2 x 5 Minuten Schwimmen und 1 Minute Pause

5 Minuten Pause

2 x 10 Minuten Schwimmen und 1 Minute Pause

Woche 8:

3 x 10 Minuten Schwimmen und 1 Minute Pause

Woche 9:

2 x 15 Minuten Schwimmen und 5 Minuten Pause

Woche 10:

1 x 20 Minuten Schwimmen

5 Minuten Pause

1 x 10 Minuten Schwimmen

Woche 11:

1 x 25 Minuten Schwimmen

5 Minuten Pause

1 x 5 Minuten Schwimmen

Woche 12:

1 x 30 Minuten Schwimmen

Natürlich kannst du auch die Sportarten abwechseln und zwischen Joggen, Schwimmen und Radfahren rotieren.

Wichtig ist bei jeder Ausdauersportart, dass du dich gut aufwärmst und anschließend dehnst.

Während ein gründliches Warm-Up nur circa fünf bis sieben Minuten in Anspruch nimmt, sollte die Dehnungszeit ungefähr ein Fünftel der Sportzeit betragen.

Hast du also eine halbe Stunde Sport gemacht, solltest du dich sechs Minuten dehnen. Nach einer Stunde Sport sogar zwölf Minuten.

Zähle deine Schritte

Du musst nicht unbedingt ins Fitnessstudio gehen oder dich einem rigorosen Trainingsprogramm verschreiben. Es gibt – wie erwähnt – viele Möglichkeiten, um dich regelmäßig zu bewegen.

Ganz einfach ist es, dir einen Schrittzähler zu besorgen und zu versuchen möglichst viele Schritte am Tag zu gehen. Es müssen nicht gleich 10.000 täglich sein, wobei es allerdings dein Ziel sein sollte, dich immer mehr zu steigern.

Gehe mehr zu Fuß und lass das Auto stehen. Allein der Weg zum Einkaufen und zurück schlägt sich vielleicht bereits mit 4.000 Schritten oder mehr zu Buche.

Regelmäßige Bewegung setzt Hormone frei, die deine Stimmung aufhellen und so Depressionen und vielleicht sogar Parkinson und Alzheimer vorbeugen. Gleichzeitig bleibst du auch körperlich fit. Eine echte Win-Win- Situation also.

Warm-Up Übungen

Dieses kleine Warm-Up dauert ungefähr sieben Minuten, schützt dich aber vor Läsionen in Gelenken, Muskeln, Knorpeln, Sehnen und Bändern. Der Sinn des Warm-Ups ist es, die Körpertemperatur leicht zu erhöhen und den Körper so auf die kommende sportliche Betätigung vorzubereiten. Dadurch, dass wir bereits schneller und tiefer atmen, wird schonend das Blutvolumen erhöht und Sauerstoff an die Muskeln weitergeleitet, sodass diese gestärkt werden.

Auch die Knorpel können bereits mehr Flüssigkeit aufnehmen und dadurch die Gelenke besser schützen. Sehnen und Bänder werden quasi „geölt" und dadurch geschmeidig, sodass sie weniger anfällig für Verletzungen oder Entzündungen sind. Achte beim Aufwärmen darauf, dass du alle Schritte befolgst, damit du möglichst viele Muskelgruppen beanspruchst.

Komm in der Bewegung an: Zwei Minuten auf der Stelle gehen und dabei die Arme locker mitschwingen lassen. Achte darauf, dass deine Schultern entspannt sind.

Dehne den Nacken: Stelle dich hüftbreit hin und atme tief ein. Ausatmen: Kopf sinkt auf die Brust ab. Einatmen: Du schaust nach oben. Ausatmen: Du schaust nach links. Einatmen: Du schaust nach rechts. Ausatmen: Kopf auf die Brust usw... Das wiederholst du fünf Mal.

Rumpf: Weiterhin im hüftbreiten Stand. Mit gestreckten Beinen lässt du dein Becken zehn Mal im Uhrzeigersinn und zehn Mal gegen den Uhrzeigersinn kreisen. Achte darauf, dass sich nur dein Becken bewegt und dein Kopf stets an der gleichen Stelle bleibt.

Beine und Arme: Stelle dich nun breitbeinig hin und versuche mit deinen Händen abwechselnd die Füße zu berühren. Es ist nicht so wichtig, wie weit du dabei kommst. Auch wenn du dein Knie berührst, zählt das. Achte darauf, dass deine Hüfte dabei nicht einknickt. Berühre beide Seiten zehn Mal. Danach schließt du die Beine und streckst beide Arme so hoch, wie du kannst. Nach 30 Sekunden Streckung versuche abwechselnd mit den Händen nach oben zu „greifen“. Zehn Mal links und zehn Mal rechts.

Körpertemperatur anheben: Bei einer Minute Hampelmann kommst du richtig in Schwung. Ist dir das zu anstrengend, kannst du seitliche Ausfallschritte machen und bei jedem Schritt die Arme auf Schulterhöhe bringen. Du öffnest also deine Position abwechselnd nach links und nach rechts und hebst bei jedem Schritt die Arme. Wenn du die Füße schließt, kommen auch die Arme wieder zurück an den Körper. Das machst du eine Minute.

Dehnungsübungen

Das Dehnen der Muskeln nach dem Training hilft deinem Körper dabei, sich schneller zu regenerieren. Die um die Muskeln herum liegenden Faszien sind während des Sportes sehr angespannt und sollen sich wieder entspannen. Bei Anstrengung verkürzen sich die entsprechenden Muskelgruppen, was zwar ihre Leistung stärkt, aber ihre Beweglichkeit einschränkt. Wer auch im Alter noch möglichst beweglich sein will, sollte sich regelmäßig dehnen. Diese Dehnungsübungen kannst du übrigens auch machen, ohne dass du vorher Sport gemacht hast. Nach dem Sport ist es allerdings ganz wichtig, sie wirklich auszuführen.

Dehnung der Beine hinten: Stelle dich mit geschlossenen Füßen und gestreckten Beinen hin. Senke erst den Kopf langsam ab, bis du mit dem Kinn nah an der Brust bist. Jetzt kannst du Wirbel für Wirbel den Rücken beugen und die Arme in Richtung Boden fallen lassen. Spüre die Dehnung hinten am Bein und im Rücken. Achte darauf, dass dein Kopf entspannt herabhängt. Genieße das Gefühl, ihn für kurze Zeit nicht auf deinen Schultern tragen zu müssen. Atme tief ein und aus. Mit jedem Ausatmen kommst du ein klitzekleines Stück näher an den Boden. Nach 30 Sekunden rollst du deinen Rücken langsam Wirbel für Wirbel wieder auf. Zuletzt richtet sich der Kopf auf.

Dehnung der Beine vorne: Halte dich für diese Übung an einem Stuhl oder Tisch fest. Auf einem Bein stehend, umfasst du deinen Fußknöchel und ziehst den Fuß zum Gesäß. Du solltest die Dehnung in deinem Oberschenkel und Beckenbereich spüren. Halte diese Position pro Seite 30 Sekunden und führe sie jeweils links und rechts zwei Mal aus.

Dehnung des Nackens: Stelle dich stabil hin. Die linke Hand greift über den Kopf an das rechte Ohr und zieht den Kopf zur linken

Schulter hinunter. 30 Sekunden halten, dann Seiten wechseln und wiederholen.

Dehnung des Oberkörpers: Ausgangsposition ist der Vierfüßlerstand. Gehe langsam in den „Katzenbuckel“, also mit rundem Rücken nach oben und dem Kopf nach unten. Nach zehn Sekunden gehst du in die entgegengesetzte Position, also Kopf und Gesäß nach oben gedrückt. Diese Abfolge zehnmal wiederholen.

Dehnung der Arme: Im Sitzen oder Stehen möglich. Strecke beide Arme seitlich aus und halte die Handflächen gegen den Boden. Auch die Finger sind gestreckt. Nun hebe langsam die Finger und die Hand nach oben an, ohne die Handflächen zu drehen. Halte diese Position 30 Sekunden und wiederhole sie drei Mal.

Übungen zum Muskelaufbau

Ausdauerübungen stärken natürlich auch deine Muskeln. Aber gerade die Rücken- und Bauchmuskulatur kommt dabei oft zu kurz, vor allem beim Laufen und Radfahren. Diese ist jedoch sehr wichtig für unsere Stabilität. Mit spezifisch wirkenden Muskeltrainings kannst du nicht nur jene Muskeln stärken, die du sonst weniger benutzt, sondern auch an deinem Gleichgewichtssinn, deiner Körperkoordination und deiner Geschicklichkeit arbeiten.

Wenn du dir nur zwei Mal die Woche ungefähr 20 Minuten Zeit nimmst, reicht das schon.

Perfekt ist es, wenn du in dieser Zeit die Übungsreihenfolge dreimal hintereinander wiederholst. Fange auch hier wieder entspannt an.

Du kannst die Intensität später immer noch erhöhen, aber vorerst ist es wichtig, dass du dich nicht überlastest. Auch beim muskelstärkenden Training dürfen natürlich dein Warm-Up und die anschließende Dehnung nicht fehlen.

Pendeln

Eine schöne Übung für die Bauchmuskulatur: Stelle dich breitbeinig und mit leicht gebeugten Knien hin und spanne die Bauchmuskeln an. Der Rücken sollte dabei gerade bleiben. Verlagere nun dein Gewicht abwechselnd von vorne nach hinten, vom Fußballen zur Ferse. Führe diese Pendelbewegung 20 Mal aus.

Liegestütze light

Sowohl echte Liegestütze als auch die sogenannten „Frauenliegestütze" aus der knienden Position heraus erfordern gut trainierte Armmuskeln. Bei der „light" Version der Liegestütze trainierst du langsam und behutsam deine Armmuskeln, ohne sie zu überfordern.

Dazu stehst du circa 30 bis 60 cm vor einer Wand (je weiter weg du stehst, desto anstrengender wird die Übung) und stützt beide Hände an ihr ab. Mit dem Beugen der Arme bringst du deine Nase möglichst nah an die Wand und mit dem Strecken der Arme entfernst du sie wieder. Dein Körper muss dabei gerade bleiben, als wäre er ein Brett. Wiederhole die Wandstütze zehn Mal und nach einer kleinen Pause weitere zehn Mal.

Der Flamingo

Du verlagerst dein ganzes Gewicht auf dein gestrecktes rechtes Bein, während deine linke Fußspitze neben deinem rechten Fuß auf den Boden tippt. Gleichzeitig hebst du nun die Arme zu den Seiten und den linken Fuß nach hinten. Dabei beugt sich dein Oberkörper leicht nach vorne. Je höher du das Bein gehoben bekommst, desto intensiver ist die Übung. Halte die Position für circa fünf Sekunden und wiederhole die Übung fünf Mal für jedes Bein. Ein gutes Training für die Balance.

Hoch das Bein

Lege dich in Rückenlage auf eine Gymnastikmatte und gib die Arme seitlich neben den Körper. Drücke deine Wirbelsäule in die Matte, indem du deine Bauchmuskeln leicht anspannst und deinen Rumpf somit einrollst. Hebe nun das linke Bein an, bis es in einem 45-Grad-Winkel zum Boden steht. Kurz halten, dann wieder senken. Wiederhole die Übung zehn Mal links und zehn Mal rechts. Nach einer kurzen Pause wiederholst du sie 20 Mal.

Trockenschwimmen

Lege dich in Bauchlage auf deine Gymnastikmatte und strecke die Arme über den Kopf aus. Hebe nun gleichzeitig Arme und Beine in die Luft, halte die Position fünf Sekunden und lege Arme und Beine wieder hin. Wiederhole diese Übung 20 Mal. Wenn du sie intensiver gestalten möchtest, kannst du versuchen, deine Gliedmaßen in der Luft auf und ab zu bewegen oder mit den Armen Schwimmbewegungen auszuführen.

Kapitel 8

Mentale Fitness

Das Alter ist für mich kein Kerker, sondern ein Balkon, von dem man zugleich weiter und genauer sieht.

Marie Louise Kaschnitz

8.1 Trainiere deine Konzentrationsfähigkeit

Auch deine mentale Fitness kannst du gezielt trainieren. Indem du deine kleinen grauen Zellen regelmäßig vor Herausforderungen stellst, stärkst du neuronale Verbindungen und ermöglichst sogar deren Neubildung. So wird dein Kurzzeitgedächtnis aktiv gestärkt und bleibt länger gut in Form. Nebenbei verbesserst du auch deine Fähigkeit zur Konzentration, dein logisches Denken und sogar deine Kreativität. Außerdem kann mit täglichen Gehirntrainings effektiv der Bildung von Demenz vorgebeugt werden.

Sogar nach einem Schlaganfall oder bei einer bereits begonnenen Demenzerkrankung können Gedächtnistraining und Konzentrationsübungen die kognitive Leistungsfähigkeit wieder erheblich steigern. Beliebt sind vor allem Sudokus oder Kreuzworträtsel, die in fast jeder Tageszeitung zu finden sind. Tatsächlich sind diese Knobelspiele eine gute Übung für dein Gehirn. Mehr Spaß machen vielen Leuten aber Spiele, die man gemeinsam mit mehreren Personen spielen kann. Du musst kein Schachprofi mehr werden, um ein wenig dein Gehirn zum Arbeiten zu bringen, auch die meisten anderen gängigen Spiele sind dafür gut geeignet. Backgammon, Doppelkopf, Bridge, Canasta, Schach, Risiko, Skat und noch viele mehr – es mangelt nicht an interessanten Spielen, bei denen neben Glück auch Strategie gefragt ist.

Sehr gut wird das Kurzzeitgedächtnis auch beim Spielklassiker Memory trainiert. Wenn du Enkel oder Kinder in deinem näheren Umfeld hast, kannst du ja mal versuchen, gegen sie anzutreten. Die Kleinen sind oft nicht zu schlagen! So verbringst du Zeit mit der jüngeren Generation und ihr alle habt Spaß miteinander.

Vielleicht gibt es in deiner Nähe auch Spielegruppen, denen du beitreten kannst oder du findest motivierte Spieler in deinem Bekanntenkreis. Auch wenn du bislang nicht gerade begeistert von Gesellschaftsspielen warst, spricht nichts dagegen, es einmal auszuprobieren.

Übung

Auch kleine Alltagsübungen können dir ganz nebenbei dabei helfen, geistig fit zu bleiben. Versuche, beginnende Vergesslichkeit nicht nur mit Hilfszetteln zu kompensieren, sondern arbeite aktiv daran, dir Telefonnummern, Einkaufslisten, Pin-Codes oder ähnliches zu merken.

Vielen Leuten gelingt das, indem sie die einzelnen Ziffern mit einem realen Gegenstand verknüpfen, dem die Zahl mehr oder weniger ähnlich sieht. Das sähe dann etwa so aus:

1= Kerze

2= Schwan 3=Wolke 4= Dach

5= Schaukelstuhl

6= Schlange

7= Skispringer

8= Unendlichkeit

9= Seil

0= Teller

Bei dem Pin-Code 7301 würde die Eselsbrücke dann lauten: Ein Skispringer fliegt über den Wolken und hält dabei einen Teller mit einer Kerze in der Hand.

Werde ruhig kreativ und finde deine eigenen Bezüge zu den Zahlen. Selbstgenerierte Gedanken und Assoziationen kann sich das Gehirn besonders gut merken.

. . .

Um geistig fit zu bleiben, kannst du auch täglich gezielte Konzentrationsübungen durchführen. Versuche dich bewusst daran zu erinnern, was du bei den Nachrichten im Fernsehen gesehen hast. Wenn dich ein Bereich interessiert, lies mehr dazu im Internet nach und suche auch das Gespräch mit anderen und diskutiere mit ihnen über spannende Themen.

Im Internet findest du auch eine Vielzahl an Gehirntrainings. Eine sehr empfehlenswerte, wissenschaftlich begleitete, aber kostenpflichtige Webseite ist www.neuronation.com. Dort machst du zu Anfang einen Test, der dein Gedächtnis, dein logisches Denken, deine Aufmerksamkeitsspanne und deine geistige Geschwindigkeit überprüft. Dann erstellt das Programm auf Basis deiner Ergebnisse einen individuellen Trainingsplan. Gratis-Übungen für das Training deines Gehirns findest du auf www-mental-aktiv.de.

Neben solchen Online-Trainings gibt es in jedem guten Buchladen auch Bücher und Rätselhefte, die dir dabei helfen können, dein Gehirn in Schwung zu halten.

Ansonsten findest du hier auch noch fünf kleine Übungen für den Alltag.

8.2 Gehirntraining für den Alltag

Auswendig lernen

Ebenso simpel wie effektiv ist es, dir kleine Auswendig-Lern-Projekte vorzunehmen und dir zum Beispiel ein schönes Lied, ein Gedicht oder eine Romanpassage anzueignen. Wenn du willst, kannst du auch Vokabeln einer neuen Fremdsprache, die dich interessiert, büffeln.

Als positiven Nebeneffekt hast du gelegentlich bestimmt die Chance, dein Wissen zur Schau zu stellen, etwa auf einer Familienfeier oder bei einem gemeinsamen Italienurlaub mit deinen Lieben.

Zeitungsrevision

Nimm dir einen mittellangen Text aus einer Zeitung oder Zeitschrift vor und halte eine Uhr bereit. Wähle einen beliebigen Buchstaben aus und versuche, möglichst schnell jedes Exemplar dieses Buchstabens (zum Beispiel alle G) auf der Seite ausfindig zu machen und mit einem Stift zu umkreisen. Je schneller du dabei wirst, desto aufmerksamer bist du bereits geworden.

Buchstabensalat

Suche dir ein möglichst langes Wort aus und buchstabiere es erst vorwärts und dann rückwärts. Profis können auch ganze Sätze in beide Richtungen buchstabieren.

Zählen und Gehen

Auch das Zählen nach rückwärts ist gar nicht so leicht. Beim nächsten Gang durch die Stadt zähle deine Schritte von 100 bis 1 hinunter.

Wenn du dich verzählst, musst du von vorne anfangen. Gar nicht so leicht, oder? Wenn du das gemeistert hast, erhöhe den Schwierigkeitsgrad ein wenig und zähle in Zweier-, Dreier-, Vierer- oder Fünferschritten abwärts.

Das Unwort

Diese Übung ist für passionierte Gehirnjogger. Wähle morgens ein Wort aus, das du den ganzen Tag über nicht sagen darfst. Sinnvoller ist es natürlich, wenn du ein Wort aussuchst, welches du auch relativ häufig benutzt, also eher „Hallo“, „weil“, „gut“,

„heute“ oder „essen“ anstatt „Leinöl“ oder „Schuppenflechte“. Je nachdem welches Wort du wählst, ist das eine echte Herausforderung, die dein Gehirn richtig auf Hochtouren arbeiten lässt, da du in Gesprächen schnell nach Synonymen suchen musst.

8.3 Koordinationsübungen

Auch mit Koordinationsübungen kannst du deine grauen Zellen ein wenig trainieren. Bereits seit langem automatisierte, alltägliche Aufgaben wie Zähne putzen, schreiben, essen, trinken oder Brot schneiden, werden zu einer echten Herausforderung, sobald du sie mit der „falschen“ Hand ausüben musst. Als Rechtshänder kannst du versuchen, möglichst viel mit der linken Hand zu erledigen und als Linkshänder benutzt du möglichst oft die rechte Hand.

Du wirst schnell merken, dass die Umstellung jahrzehntelanger Gewöhnung gar nicht so leicht ist. Indem du dir eine neue Verhaltensweise angewöhnst, zwingst du dein Gehirn zu mehr Flexibilität und Wachsamkeit.

Auch das Erlernen neuer Bewegungsabläufe wirkt sich nicht nur positiv auf den Körper, sondern auch auf das Gehirn aus, da so das motorische Gedächtnis trainiert wird.

Der große Vorteil von Sportarten wie Tanzen oder Gymnastik liegt nicht nur in der Bewegung, sondern auch in der Verbesserung der Körperkoordination.

Wenn du immer schon einmal ein Instrument spielen wolltest, dann solltest du jetzt damit anfangen. Vermutlich wirst du im fortgeschrittenen Alter kein Jimi Hendrix mehr, aber beim Erlernen der rhythmischen Handbewegungen wirst du eine Menge neuer Verbindungen zwischen den Nerven in deinem Körper und den Neuronen in deinem Gehirn schaffen können.

Zum Einstieg ein paar motorische Koordinationsübungen für zu Hause:

Balancieren

Bevor du gleich auf die nächste Mauer kletterst, kannst du erstmal eine Bodenmarkierung entlang balancieren. Sobald das gut klappt, versuche den Gang noch einmal auf Zehenspitzen oder auf den Fersen.

Einbeinstand

Hört sich leichter an, als es ist. Versuche einmal eine ganze Minute nur auf einem Bein zu stehen. Da kommt man schon ganz schön ins Schwanken, oder?

Ball werfen

Ein Tennisball und eine Hauswand reichen für ein kleines Ballspiel allein oder mit Freunden. Im Squash-Stil wird der Ball gegen die Wand geworfen und danach wieder aufgefangen.

Däumchendrehen

Damit es nicht zu langweilig wird, nehmen wir lieber gleich die ganze Hand. Lege deine Fingerspitzen aufeinander: Daumen auf Daumen, Zeigefinger auf Zeigefinger und so weiter. Löse dann nacheinander jedes Fingerpaar und lasse es 30 Sekunden im Uhrzeigersinn umeinander kreisen, ohne dass sich die beiden Finger berühren. Wiederhole die Übung und kreise diesmal gegen den Uhrzeigersinn.

Zwei ungleiche Hände

Diese Übung kennst du vielleicht schon: Versuche zeitgleich, mit der einen Hand auf deinen Bauch zu klopfen und mit der anderen kreisförmige Bewegungen über deinem Kopf zu machen. Nach einer Minute wechselst du und kreist über deinen Bauch, während du auf den Kopf klopfst.

8.4 Meditation und Autogenes Training

Im Folgenden sollen eine Meditation und ein Autogenes Training vorgestellt werden. Damit diese Techniken einen langfristigen Effekt erzielen können, solltest du sie mit einer gewissen Regelmäßigkeit durchführen. Ideal wäre es natürlich, wenn du jeden Tag dafür Zeit findest, auch wenn du drei Mal die Woche meditierst oder ein Autogenes Training durchführst, ist das schon ein riesiger Schritt.

Meditation

Entgegen der landläufigen Überzeugung, dass die Praxis der Meditation aus östlichen Kulturen stammt, wurden aus allen Weltreligionen (also neben dem Buddhismus und dem Hinduismus auch aus dem Christentum, Judentum und dem Islam) und aus vielen Regionen dieser Welt meditative Praktiken übermittelt.

Oft wird Meditation zwar mit Spiritualität oder Religion verknüpft, doch es existieren auch Meditationen, die nicht darauf abzielen, dass du das Nirwana erreichst. Vielmehr dienen sie als therapeutische Methode, die die Achtsamkeit erhöhen, Stress reduzieren und vor allem entspannend wirken soll.

Die Effekte von Meditation sind erwiesenermaßen sehr hoch. Die wissenschaftliche Forschung wies nach, dass meditierende Menschen glücklicher, weniger gestresst und kreativer sind. Abgesehen davon soll Meditation das Gehirn auch vor dem Altern schützen.

Meditieren ist nicht ganz so leicht, wie es vielleicht aussehen mag. Viele Menschen sind nicht daran gewöhnt, einfach bei sich selbst und ihren Empfindungen zu sein, da es für sie recht schwierig ist, einige Minuten lang nichts zu tun und nichts zu denken.

Die Lerneffekte und die positiven Auswirkungen der Meditation treten zum Glück vergleichsweise schnell ein. Nach einem Monat täglicher Meditation fühlt man sich deutlich besser und befreiter von seinen Sorgen, selbst wenn die einzelnen Meditationseinheiten nur fünf bis zehn Minuten dauern. Wichtig ist, dass du einen ruhigen Ort hast, an dem du ungestört meditieren kannst. Dann kann es losgehen.

Übung

Suche dir eine bequeme Sitzposition aus. Man kann zwar auch im Liegen meditieren, doch gerade Anfängern wird eher zur Sitzposition geraten, da sonst die Gefahr besteht, dass sie einschlafen. Hast du eine bequeme Position gefunden, stelle dir einen Wecker für fünf Minuten und schließe die Augen.

Atme tief, aber entspannt in den Bauch ein und wieder aus. Konzentriere dich dabei ganz auf deinen Atem und spüre, wie er durch die Nasenlöcher kühl hineinströmt und durch den Hals in deine Lungen fließt. Deine Bauchdecke hebt sich dabei. Beim Ausatmen senkt sich dein Bauch ab und die Luft strömt warm aus deiner Nase. Bleibe ungefähr zehn Atemzüge lang mit deiner Aufmerksamkeit ganz beim Atmen.

Wenn dir Gedanken durch den Kopf geistern, nimm diese bewusst wahr. Es wird unvermeidbar sein, dass dein Geist anfängt, abzuschweifen. Das Ziel ist es jetzt, weder diese Gedanken aufzunehmen und zu analysieren, noch sie gewaltsam zu verdrängen, sondern sie wahrzunehmen und dann wieder die Aufmerksamkeit auf die Meditation zu lenken.

Der Hauptteil der Meditation besteht darin, deinen Körper bewusst wahrzunehmen. Du versuchst dabei Körperteil für Körperteil intensiv zu spüren. Dabei beginnst du mit deinen Füßen und wanderst dann gedanklich nach oben (z. B.: Zehen, Füße, Knöchel, Unterschenkel, Knie Oberschenkel, Becken, Gesäß, Bauch, Brustkorb, Rücken, Nacken, Oberarme, Unterarme, Hände, einzelne Finger, Kopfhaut, Stirn, Mundpartie).

Wie fühlen sich all diese Körperteile gerade an? Ist das Empfinden angenehm oder unangenehm? Unangenehme Empfindungen versuchst du nicht zu ändern, sondern nimmst sie nur wahr. Bleibe jetzt mit deiner Aufmerksamkeit bei deinem Gesicht. Spüre, wie deine Stirn glatt wird und sich deine Kiefermuskeln entspannen. Atme ruhig ein und aus, bis dein Wecker klingelt. Öffne langsam die Augen und strecke dich. Vielleicht ist dir auch nach einem befreienden Gähnen.

Sobald diese Übung gut funktioniert, kannst du den zeitlichen Rahmen Stück für Stück erst auf sieben und dann auf zehn Minuten erhöhen.

Autogenes Training

Das Autogene Training wurde im Jahre 1920 als Methode zur konzentrativen Selbstentspannung entwickelt. Nach und nach stellte sich heraus, dass dieser Ansatz auch langfristig sehr positive Folgen auf die psychische Gesundheit hat.

Die primären Ziele des Autogenen Trainings sind innere Ruhe und geistige Entspannung zu erlangen. Dabei wird von außen nach innen vorgegangen. Erst muss der Körper entspannt sein, damit die Seele es ihm gleichtun kann.

Beim Autogenen Training lernst du, deine körperlichen Empfindungen allein mit der Kraft deiner Gedanken zu beeinflussen. Schon nach einmaligem Durchführen treten entspannende Effekte ein. Wenn du dieses Training regelmäßig zwei bis drei Mal pro Woche für 20 Minuten durchführst, hilft dir das dabei, optimistischer und dauerhaft gelassener zu werden.

Übung

Setze oder lege dich wieder bequem hin und stelle einen Wecker, diesmal auf 20 Minuten. Schließe die Augen und wiederhole für dich die unten angeführten Anweisungen so oft wie angegeben. Du kannst auch eine andere Person bitten, dir diese ruhig und mit vielen Pausen vorzulesen. Während du die Anweisungen sagst oder hörst, kannst du spüren, wie sich deine Körperempfindungen verändern. Beim Autogenen Training ist es durchaus möglich, dass du einschläfst. Das passiert vielen und ist kein Problem.

Ruheübung (circa zwei Minuten)

- Ich bin ganz ruhig und entspannt (5 x)

- Mein ganzer Körper ist ruhig und entspannt (5 x)

Schwereübung (circa fünf Minuten)

- Mein rechter Arm ist ganz schwer (3 x)
- Mein linker Arm ist ganz schwer (3 x)
- Beide meine Arme sind ganz schwer (3 x)
- Mein rechtes Bein ist ganz schwer (3 x)
- Mein linkes Bein ist ganz schwer (3 x)
- Beide meine Beine sind ganz schwer (3 x)
- Meine Arme und Beine sind ganz schwer (3 x)

Wärmeübung (circa fünf Minuten)

- Mein rechter Arm ist ganz warm (3 x)
- Mein linker Arm ist ganz warm (3 x)
- Beide meine Arme sind ganz warm (3 x)
- Mein rechtes Bein ist ganz warm (3 x)
- Mein linkes Bein ist ganz warm (3 x)
- Beide meine Beine sind ganz warm (3 x)
- Meine Arme und Beine sind ganz warm (3 x)

Herzübung (circa eine Minute)

- Mein Herz schlägt ganz ruhig und gleichmäßig (3 x)

Atemübung (circa vier Minuten)

- Meine Atmung ist ganz ruhig (3 x)
- Ich atme nicht, es atmet mich (3 x)
- Mein Herz und meine Atmung sind ruhig und gleichmäßig (3 x)

Bauchübung (circa eine Minute)

- Mein Bauch ist strömend warm (3 x)

Kopfübung (circa zwei Minuten)

- Meine Stirn ist angenehm kühl (3 x)
- Mein Kopf ist leicht und klar (3 x)

Kapitel 9

Psychische Gesundheit im Alter

Alles nimmt uns das Alter, sogar den Verstand.

Vergil

Depressionen und depressive Verstimmungen

Ein wacher Geist und ein gesunder Körper bilden zusammen die wichtigsten Grundpfeiler für eine hohe Lebenszufriedenheit im Alter. Das darf nicht darüber hinwegtäuschen, dass das Alter eine durchaus komplizierte Zeit sein kann. Schätzungen zufolge leiden circa 15 % der deutschen Rentner unter Depressionen oder depressiven Phasen und sind somit eine der dafür anfälligsten Bevölkerungsgruppen.

Das kann verschiedene Gründe haben. Der Wegfall der Erwerbsarbeit ist für viele Leute schwieriger zu bewältigen als oft angenommen, weil dieser häufig mit dem Verlust eines wichtigen sozialen Netzes einhergeht. Da außerdem die Wahrscheinlichkeit steigt, dass gute Freunde oder Ehepartner erkranken bzw. versterben, sind ab einem gewissen Lebensalter auch verstärkt Verluste geliebter Menschen zu bewältigen.

Menschen, die in ihrem Leben schon einmal an einer Depression erkrankt waren, zählen zur besonders gefährdeten Gruppe. Auch Einsamkeit, Isolation und Armut sind Risikofaktoren. Das Leben, an dem man nicht mehr teilhaben kann, wird als sinnlos erlebt. Man fühlt sich wertlos für die Gesellschaft. Aufgrund der hohen Inzidenz an Depressionen ist auch die Quote der Suizide im fortgeschrittenen Alter erhöht.

Bist du betroffen, kann es Tage geben, an denen du das Gefühl hast, absolut nichts auf Reihe zu bekommen. Du hast den Eindruck, keine Kraft mehr zu haben. Nichts macht dir Freude. Am Morgen kommst du oft gar nicht aus dem Bett und bleibst einfach liegen. Am liebsten wärest du ohnehin tot. Manchmal stellst du dir vor, dass du einschläfst und nie wieder aufwachst. An Aktivitäten ist gar nicht zu denken.

Depressionen kündigen sich an, wenn du das Interesse oder die Freude an vielen Dingen verlierst, die du normalerweise als angenehm und schön empfindest, dein Konzentrationsvermögen nachlässt, du Schlafstörungen entwickelst, an Appetitlosigkeit oder Heißhungerattacken leidest und sich in dir Gefühle der Hoffnungslosigkeit und Hilflosigkeit breitmachen. Dazu können sich Selbstmordgedanken und ständiges Grübeln gesellen.

Lass es nicht so weit kommen. Wenn du keinen Sinn mehr im Leben siehst oder gar mit dem Gedanken spielst, Selbstmord zu begehen, nimm sofort professionelle Unterstützung in Anspruch. Suche in diesem Fall unbedingt Hilfe.

Ansprechpartner in so einer Krise sind Psychiater, Psychologen und Therapeuten, die dir bei der Bewältigung viel professioneller zur Seite stehen können als Familienmitglieder und Freunde. Sie können dir auch dabei helfen, wieder neue Perspektiven in deinem Leben zu erkennen.

In erster Linie wird durch Gespräche versucht, dich auf dem Weg aus der Krise zu begleiten. Psychopharmaka sind im Allgemeinen nur der allerletzte Ausweg und werden daher meist auch nur vorübergehend eingesetzt. Professionelle Beratung bietet sich auch an, wenn dir Familienangehörige oder eine nette Freundesgruppe fehlen. Ärzte und Therapeuten schaffen einen Raum, wo du ganz offen über deine Gefühle sprechen kannst und gezielt Hilfe erwarten darfst.

Benötigst du solche Unterstützung, suche dir einen Psychiater, Psychologen oder Therapeuten, der wirklich zu dir passt. Die Chemie muss stimmen. Hast du das Gefühl, dass dies nicht der Fall ist, zögere nicht, dir umgehend einen neuen zu suchen.

Um psychisch gesund zu bleiben, ist ausreichend Schlaf von großer Bedeutung. Mittlerweile haben Wissenschaftler einen direkten Zusammenhang zwischen Schlafmangel und Depressionen feststellen können und mutmaßen, dass die alterstypische Schlaflosigkeit für viele Menschen zu einem zusätzlichen psychisch belastenden Faktor wird.

Man geht davon aus, dass je nach Individuum zwischen sechs bis neun Stunden Schlaf erforderlich sind. Nicht alle alten Menschen benötigen weniger Schlaf. Einige brauchen genauso viel wie in jungen Jahren. Generell werden im Alter allerdings die Phasen des Tiefschlafs kürzer. Die weniger erholsamen Abschnitte des leichten Schlafes nehmen hingegen zu.

Aufgrund von Schlafproblemen steigt bei älteren Menschen durch die verringerte Aufmerksamkeit die Sturz- und Verletzungsgefahr. Die Schlafqualität lässt sich jedoch auch im Alter durch körperliche Aktivitäten während des Tages verbessern.

Demenz

Unter „Demenz" versteht man eine Gruppe von Erkrankungen, die von einem massiven geistigen Abbau begleitet sind und die betroffenen Personen häufig zum Pflegefall machen.

Erste Anzeichen für eine Demenz können sein, dass komplexere Zusammenhänge nicht mehr erfasst werden können, der räumliche Orientierungssinn schlechter wird und Erkrankte immer mehr Probleme haben, sich Namen und Zahlen zu merken. Oft lassen sich bei Betroffenen auch Unruhe und Ängstlichkeit, aber auch Aggressionen und Depressionen beobachten.

Auch wenn die meisten Ausformungen der Demenz nicht heilbar sind, können ihr Verlauf stark verzögert und die Symptome gemildert werden. Daher ist es ratsam, schon beim Auftreten erster Anzeichen zeitnah einen Facharzt aufzusuchen. Behandlungen erfolgen medikamentös, aber auch mittels anderer Maßnahmen wie Logopädie, Ergotherapie, Bewegungs- und Beschäftigungstrainings und Gedächtnisübungen.

Doch nicht jede Form der Vergesslichkeit ist mit einer Demenzerkrankung gleichzusetzen. Dinge zu vergessen, kann mit zunehmendem Alter häufiger auftreten, ohne dass eine Krankheit vorliegt.

Kapitel 10

Lebenszufriedenheit im Alter

Das Alter ist ein natürlicher menschlicher Zustand, dem Gott seine eigenen Gefühle geschenkt hat, die ihre eigenen Freuden in sich tragen.

Wilhelm von Humboldt

Eine Reihe von Faktoren steigert nachgewiesenermaßen die Lebenszufriedenheit besonders auch im Alter. Die wichtigsten seien in Folge kurz angesprochen.

10.1 Positives Mindset

Wer positiv denkt, Zukunftspläne schmiedet und sich an den kleinen Dingen des Lebens erfreuen kann, ist zufriedener und glücklicher mit seinem Leben. Das ist natürlich leichter gesagt als getan. Niemandem ist damit geholfen, dass man ihm „Denk doch einfach positiv“ rät und denkt, das Problem des anderen sei damit gelöst. Eine positive Denkweise müssen sich viele erst erarbeiten und das erfordert Zeit und Ausdauer. Zwar leidet nur ein kleiner Teil der Senioren an Altersdepressionen, doch jeder durchlebt in seinem Leben krisenbehaftete Phasen und hat ab und zu mit sich selbst zu kämpfen.

Das ist ganz normal und wird dir bestimmt auch schon im Laufe deines Lebens passiert sein. Doch wenn du plötzlich in eine neue, schwierige Situation gerätst, hilft dir ein stabiles mentales Gerüst dabei, gut damit zurechtzukommen. Ist dieses nicht vorhanden, können Lebenskrisen in schweren Depressionen münden, aus denen es ohne medizinische Hilfe oft keinen Ausweg mehr gibt.

Wenn deine innere Seelenruhe bereits aus dem Gleichgewicht geraten ist, wird emotionales Krisenmanagement immer schwieriger. Daher ist es ratsam, sich vorsorgend um seine psychische Gesundheit zu kümmern. Dazu musst du nicht einmal allzu viel tun. In diesem Kapitel schauen wir uns einmal an, wie du dir selbst ein möglichst positives Mindset schaffen kannst. Neben praktischen Alltagstipps gibt es auch ein paar Achtsamkeitsübungen, die bei regelmäßiger Durchführung die Zufriedenheit und Stressresistenz steigern können.

10.2 Soziale Kontakte

Einer der wichtigsten Faktoren für psychische Gesundheit ist ein stabiles, soziales Umfeld. Nichts bereitet mehr Freude, als einen schönen Tag mit seinen Liebsten zu verbringen. Wenn du viel Kontakt zu deiner Familie oder guten Freunden hast, ist das etwas ganz Wunderbares, das du auf jeden Fall wertschätzen solltest. Pflege deine Beziehungen aktiv, damit sie nicht einschlafen. Regelmäßige Essenseinladungen, gemeinsame Kinobesuche oder ein Abstecher mit den Enkeln auf den Spielplatz – um Freundschaften und auch um die Familie muss man sich kümmern, wenn man enge Kontakte erhalten will.

Hast du aktuell wenig soziale Anbindung, da deine Familie und deine engen Freunde weit entfernt wohnen oder der Wegfall deines Jobs Auswirkungen auf dein soziales Leben hatte, kannst du das leicht ändern, indem du dir Gruppenaktivitäten suchst. Im Internet oder in der Zeitung findest du zahlreiche Angebote. Von Wandergruppen über gemeinsames Chorsingen bis hin zu Töpferkursen ist alles dabei. Manche sind speziell auf Senioren ausgerichtet, aber oft werden sie auch generationenübergreifend angeboten. Gerade der soziale Austausch mit jüngeren Leuten kann extrem belebend sein.

Wenn du aufgrund von Krankheit und Gebrechlichkeit das Haus nur mehr selten und mit viel Aufwand verlassen kannst, hol dir doch die Welt in deine eigenen vier Wände herein. Wie? Mit sozialen Kontakten, Fernsehen und Internet. Wenn du alle drei Kanäle regelmäßig nutzt, bleibst du auf dem neuesten Stand, kannst weiterhin regen Anteil im Leben „draußen“ nehmen und dir alles, was du willst, nach Hause liefern lassen.

10.3 Selbsthilfegruppen und Online-Foren

Wenn du Probleme hast, aber psychisch stabil bist, können dir Selbsthilfegruppen und Online-Foren helfen. Suche im Internet nach Selbsthilfegruppen, die sich zu einem bestimmten Themenbereich regelmäßig treffen und nimm an den (virtuellen) Zusammenkünften teil. Eine solche Gruppe bietet Halt, Geborgenheit und Unterstützung. Man erhält neben wertvollen Ratschlägen auch das Gefühl, selbst gebraucht zu werden. Probleme im Leben und der sie oft begleitende Kummer verbinden, und es ist das erklärte Ziel solcher Gruppen, sich wechselseitig zu helfen und zu stärken.

In Online-Foren erhältst du praktisch rund um die Uhr hilfreiche Tipps. Sie sind sehr einfach zugänglich und anonym, damit fällt es oft leichter, sich mit anderen auszutauschen. Das Gefühl, nicht allein mit seinem Problem zu sein, sondern dieses mit ähnlich Betroffenen teilen zu können, kann sehr wertvoll sein. Der Austausch ist meist offen und ehrlich und ermöglicht es auch, die eigenen Probleme in einem anderen Licht zu sehen.

Ein persönlicher Kontakt ist jedoch im Allgemeinen über das Internet nicht üblich. Wenn du einen solchen benötigst, sind Selbsthilfegruppen viel besser geeignet. Mit therapeutischer Begleitung sind Selbsthilfegruppen zwar kostenpflichtig, der professionell angeleitete Austausch kann aber sehr hilfreich sein. Karitative Organisationen bieten in vielen Städten auch kostenlose Selbsthilfegruppen an. Ganz egal, wofür du dich entscheidest, in jedem Fall hilft der Austausch mit anderen, mit Problemen im Leben besser fertig zu werden.

10.4 Sinnfindung

Wir alle brauchen morgens einen guten Grund, um aus dem Bett zu steigen. Im mittleren Erwachsenenalter haben wir fast schon zu viele Anlässe: Die Miete will bezahlt, der Boden gewischt und die

Kinder erzogen werden, weshalb wir zwischen Job, Kindergarten und Schule hin- und herpendeln und froh sind, wenn wir es auch noch schaffen, das Haus einigermaßen in Ordnung zu halten und ab und zu unsere Freunde zu treffen. Eigentlich ist es ein Segen, dass diese Zeit der Verpflichtungen irgendwann aufhört. Doch so ganz ohne Beschäftigung fühlen sich die meisten Menschen auch nicht wohl. Es fehlt ihnen ein gewisser Sinn im Leben.

Das Gute am Alter ist: Jetzt kannst du dir aussuchen, welche Tätigkeiten dich begeistern und zufrieden stellen, ohne ständig auf irgendwelche Verpflichtungen Rücksicht nehmen zu müssen. Ganz entspannt kannst du herausfinden, was dir persönlich das Gefühl von Erfüllung verschafft. Manche älteren Menschen beginnen mit dem Anbau ihres eigenen Gemüses, andere arbeiten ehrenamtlich bei karitativen Einrichtungen und wieder andere gehen einfach in ihrer Rolle als Oma oder Opa auf. Das Motto lautet: Alles kann, nichts muss! Du bist dein einziger Chef und kannst frei bestimmen, was du in welchem Tempo leisten kannst und vor allen Dingen leisten willst.

10.5 Lebenslanges Lernen

Man lernt nie aus. Auch im Alter nicht! Die Aufnahme neuer Aktivitäten wirkt sich nicht nur positiv auf deine kognitiven Fähigkeiten aus, sondern macht auch glücklich! Was wolltest du immer schon einmal lernen, hattest aber nie die Zeit und Muse dazu? Klavier spielen? Zeichnen? Tai-Chi? Ganz egal!

Ältere Menschen lernen nicht grundsätzlich anders als Kinder oder Jugendliche. Es ergeben sich aber aus lernpsychologischer Sicht mit zunehmendem Alter eine Reihe von Veränderungen, die

Auswirkungen auf die Lernprozesse von älteren Erwachsenen haben. Sie lernen zielgerichteter und interessensbezogener. Lernen findet nicht mehr auf Vorrat wie etwa in der Schule statt, sondern hat nun eine klare Nutzenausrichtung.

Die Fähigkeit, sich isolierte Fakten zu merken, nimmt mit zunehmendem Alter kontinuierlich ab. Daher merken sich ältere Personen oft Vokabeln einer Fremdsprache schlechter als Kinder und Jugendliche – allerdings trainiert gerade ein solches Lernen das Gehirn besonders gut!

Im fortgeschrittenen Lebensalter verringert sich auch die Bereitschaft, sich überhaupt auf Lerngegenstände einzulassen, deren Sinn sich für den Lernenden nicht unmittelbar erschließt. Dafür lernen wir dann besonders gut und effizient, wenn das Lernfeld unmittelbar an bereits vorhandenes Wissen und Erfahrungen anknüpft.

Die Bereitschaft, sich Prüfungssituationen zu stellen, bei denen innerhalb kurzer Zeit isolierte Wissensgebiete abgefragt werden, nimmt mit zunehmendem Alter ab und die Prüfungsleistungen verschlechtern sich. Das hat nicht nur mit mangelnder Motivation zu tun, sondern auch mit der zunehmend schlechter werdenden Reproduktionsfähigkeit unter Stressbedingungen. Allerdings werden die Fähigkeiten des Problemlösens aufgrund der bisherigen Lebenserfahrung immer besser.

Ältere Personen lernen besonders gut, wenn sie neue Aspekte in direkten Zusammenhang mit ihren bisherigen Wissens- oder Erfahrungsgebieten bringen können. Sie nehmen auch gerne Einfluss darauf, mit welchen Inhalten sie sich zu welcher Zeit oder in welcher Reihenfolge beschäftigen wollen und möchten ihre Erfahrungen einbringen dürfen.

Ab einem gewissen Alter haben die meisten auch ein klares Ziel vor Augen, welches sie im Rahmen des Lernprozesses erreichen wollen. Dabei soll unmittelbar nach einem Training in direkter Form Anwendungswissen zur Verfügung stehen.

Neben dem Wissenserwerb werden durch das lebenslange Lernen auch eine Reihe emotionaler und sozialer Bedürfnisse befriedigt. Zudem erhält lebenslange Bildung einen hohen Grad an Eigenständigkeit und ebnet den Weg, an gesellschaftspolitischen Entscheidungen teilzuhaben.

Auch wenn du im Alter nach einer langen Lernpause wieder beginnst und z. B. eine neue Fremdsprache lernst, kann das sehr erfolgreich geschehen. Entscheidend dafür sind deine innere Einstellung und ein Umfeld, das dich in deinen Bestrebungen unterstützt.

Informiere dich und finde heraus, was dir Freude bereiten würde. Es muss nicht unbedingt eine Sprache sein, auch ein neues Handwerk zu erlernen, kann viel Spaß machen. Vielleicht möchtest du aber auch deine Koch- und Backkünste verbessern. Dann geh es an! Suche dir Angebote, die auf die Bedürfnisse von älteren Menschen zugeschnitten sind und deren Lernerfolg unterstützen. Die Lerninhalte sollten gut aufbereitet sein und die Kursorte nicht zu weit entfernt von deinem Wohnort liegen.

Ein weiterer wichtiger Nebeneffekt ist auch, dass du neue Leute kennenlernst und so dein soziales Netzwerk erweiterst. Das schützt dich vor Einsamkeit. Du erweiterst durch das lebenslange

Lernen auch ständig deinen Horizont und die mentale Stimulation wirkt sich positiv auf deine Gesundheit aus. Du trainierst dein Gehirn, verbesserst deine Merkfähigkeit und senkst das Demenzrisiko. Das wiederum hilft dir dabei, deine Eigenständigkeit zu erhalten und dich physisch und psychisch wohl zu fühlen. Auch im fortgeschrittenen Alter wird sich im Rahmen vielfältiger Lernprozesse sogar noch deine Persönlichkeit weiterentwickeln.

10.6 Wie war das mit der Angst?

Forscher haben herausgefunden, dass es uns glücklich macht, Sachen zu tun, die uns Angst machen. Klingt erstmal unlogisch, ist aber wahr. Wer in seiner Komfortzone bleibt und wenig riskiert, vermeidet zwar von vornherein unangenehme Situationen, erlebt aber auch nie etwas Neues. Wer sich hingegen ab und zu seinen Ängsten stellt, geht gestärkt daraus hervor.

Anstatt beim Gedanken zu verweilen, ob du dich über etwas drüber trauen sollst, spring über deinen Schatten und tu es einfach. Sprich im französischen Café den Kellner in der Landessprache an. (Ja, das geht bereits nach einem Semester auf der VHS). Fahr allein auf Urlaub, wenn deine beste Freundin nicht mitmöchte, weil ihr eine Safari zu gefährlich erscheint. Egal was es für dich persönlich sein mag, überwinde deine Furcht und spring ins kalte Wasser. Vermutlich wirst du merken, dass deine Ängste unbegründet waren und nachher stolz auf dich sein, die Situation so gut bewältigt zu haben. Ein echter Booster für dein Selbstbewusstsein!

10.7 Bescheidenheit

Die Zeiten des Höher-Weiter-Schneller neigen sich dem Ende zu. Und das ist auch gut so. Anstatt immer mehr und mehr zu wollen, besinnen wir uns im Alter lieber auf die kleinen Dinge des Lebens und erfreuen uns daran. Während man in der Jugend noch nach Abenteuern und Abwechslung gesucht hat, lässt sich jetzt auch die tagtägliche Routine genießen.

Wir müssen nur die Augen aufmachen und merken, dass unser Lebensglück in uns selbst liegt und nicht in unseren Besitztümern oder aufregenden Erlebnissen. Ein Spaziergang in der Natur vor der eigenen Haustür kann erholsamer sein als jede Reise in die Karibik. Ein simples Abendessen mit Kartoffeln und Gemüse kann besser schmecken als jedes 5-Sterne-Gericht, das Lachen eines Kindes kann schöner klingen als jede Symphonie in der Metropolitan Opera in New York City.

10.8 Dankbarkeit

Indem du versuchst, dich auf die schönen Seiten des Lebens zu fokussieren und dich auch für die kleinen Freuden des Lebens zu öffnen, wirst du von Tag zu Tag mehr davon wahrnehmen.

Dankbarkeit löst in deinem Gehirn eine positive Grundstimmung aus.

Schaffe dir jeden Abend bewusst Zeit, um dich für den schönen Tag zu bedanken. Vielleicht hast du auch Lust, ein Dankbarkeitstagebuch zu führen. Du musst dich bei niemandem Bestimmten bedanken. Bedanke dich einfach bei dir selbst oder beim Schicksal, bei einem Gott oder beim Leben. Wenn du einmal darüber nachdenkst, fällt dir bestimmt vieles ein, wofür du dankbar sein kannst. Gesunde Kinder, ein leckeres Essen, ein warmes Haus oder eine freundliche Nachbarin – Dankbarkeit kennt keine Grenzen.

Übung

Erstelle eine Liste, wobei du zehn Dinge aufschreibest, für die du dankbar bist. Du kannst auch einen Brief schreiben und dich für alles bedanken, was dir bisher im Leben an Gutem widerfahren ist. Wenn du dich schlecht fühlst, verlierst du oft die Sicht auf all die guten Bereiche, die das Leben trotz allem noch für dich bereithält. Wann immer du Momente der Dankbarkeit empfindest, ergänze die Liste. Tu dies am besten jeden Tag und du wirst sehen, dass du schon nach kurzer Zeit das Gefühl entwickeln wirst, dass sich dein Leben immer wieder zum Positiven wendet. Schließlich gibt es bei ehrlicher Betrachtungsweise auch in den allerdunkelsten Stunden stets Dinge, für die man aufrichtig dankbar sein kann.

Dankbarkeitsliste

1.

2.

3.

4.

5.

6.

7.

8.

9.

10.

10.9 Gutes tun

Nicht das Nehmen und Besitzen macht den Menschen glücklich, sondern das Geben und Teilen. Obwohl du sicher schon viel Gutes tust, kannst du versuchen, dich noch mehr darauf zu konzentrieren, andere zu unterstützen.

Viele Senioren sind im Bereich der Freiwilligenarbeit und im Rahmen von Ehrenämtern aktiv und leisten auf diese Weise sehr viel für die Gesellschaft. Sie selbst ersparen sich durch ihr soziales Engagement den Schock, der durch den Übertritt vom Erwerbsleben ins Rentendasein auftreten kann, und beugen der Einsamkeit vor. Ein aktives Sozialleben ist so garantiert und neue Freundschaften können geschlossen werden. Zudem erfahren engagierte ältere Menschen Anerkennung und Wertschätzung. Das Gefühl gebraucht zu werden, hält körperlich und seelisch jung.

Vielleicht bereitet es auch dir Freude, anderen zu helfen, denen es schlechter geht als dir. Betätige dich im sozialen Bereich. Übernimm freiwillige Einsätze bei der Essensausgabe für die Bedürftigsten der Gesellschaft, besuche einsame, alte Menschen im Altersheim oder hilf Kindern mit Migrationshintergrund bei schulischen Problemen. Überall gibt es Vereine, die solche Angebote im Programm haben und gerne auf deine ehrenamtliche Unterstützung zurückgreifen. Das hilft dir auch dabei zu erkennen, wie gut es dir trotz allem eigentlich geht. Du wirst Dankbarkeit für dein Leben empfinden, neue Perspektiven entwickeln und Vorfreude auf eine neue und aufregende Zukunft, die voll ist mit Chancen und interessanten Herausforderungen, entwickeln.

Und nebenbei bemerkt, sind dir auch Mitarbeiter, Bekannte und Freunde sehr dankbar, wenn sie auf dich zählen können. Auch dein Rat für viele Lebenslagen kann sehr wertvoll sein. Oft reicht es schon, ein wenig Zeit für ein nettes Gespräch mit der alten Nachbarin aufzubringen, den Einkauf für die gehbehinderte Freundin zu erledigen oder die Katze deiner Tochter zum Tierarzt zu bringen.

Nicht selten bedeutet ein kleines Hilfsangebot für dich nur einen geringen Aufwand, gleichzeitig ist es für andere aber eine riesige Unterstützung. Alles, was man gibt, kommt zumindest in Form von gesteigerter Lebensfreude zu einem zurück. Es bleibt dir überlassen, wie du dich engagieren möchtest. Angebote gibt es genug, wo man deine Mithilfe gerne annehmen wird. Natürlich soll das alles nur in einem Maße geschehen, welches dich nicht zu sehr belastet und stresst. Dabei solltest du immer beachten, dass dir dein freiwilliges Engagement Freude bereitet und nicht zu einer weiteren Belastung wird. Lerne „Nein“ zu sagen, wenn es dir einmal zu viel wird.

10.10 Komplimente

Des Menschen schärfster Kritiker ist er selbst. Natürlich ist eine halbwegs selbstkritische Haltung meist angebracht, aber du solltest es auch nicht übertreiben. Wenn du zu den Personen gehörst, die an sich selbst die höchsten Anforderungen stellen und häufig mit sich unzufrieden sind, sei dir geraten: Sei nicht so hart zu dir!

Ein allzu negatives Selbstbild ist ungesund für die Psyche und zieht dich emotional runter. Deshalb fange am besten gleich damit an, an deinem Selbstbild zu arbeiten.

Nimm dir vor, dir selbst täglich mindestens ein Kompliment zu machen. Dazu musst du gar nichts Bahnbrechendes geleistet haben. Du kannst dich dazu beglückwünschen, einen besonders leckeren Auflauf gemacht zu haben, im Verkehrschaos extrem gelassen geblieben zu sein oder sehr gründlich hinter dem Sofa gesaugt zu haben. Vielleicht freust du dich auch über ein Kompliment von anderen über deine schöne Jacke oder deine gutsitzende Frisur.

10.11 Schluss mit Vergleichen

Beim Nachbarn scheint das Gras stets grüner zu sein als im eigenen Garten. Wenn man danach sucht, findet man immer einen Grund, mit sich selbst unzufrieden zu sein. Die eine ist reicher, der andere schöner, die nächste klüger und der übernächste künstlerisch begabter. Schluss damit! Warum solltest du dich an den Fähigkeiten anderer Menschen messen? Dauerhaftes Vergleichen mit anderen Personen macht uns nicht nur krank und unglücklich, sondern am Ende auch zu Einzelkämpfern.

Deine Freundin kann vielleicht wunderschön singen, aber dafür überhaupt nicht kochen. Dein Freund hat eventuell viel mehr Geld als du, aber dafür eine wesentlich schwierigere Familiengeschichte.

Wer erkennt, dass jedes Leben auf seine ganz eigene Art wertvoll ist, beginnt sich selbst und sein Umfeld in einem anderen Licht zu sehen. Die individuellen Unterschiede werden immer weniger wichtig und die Gemeinsamkeiten fallen plötzlich viel stärker auf.

10.12 Im Hier und Jetzt leben

Schweifen deine Gedanken oft in die Vergangenheit ab oder verstricken sie sich in ungewissen Zukunftssorgen? Ältere Menschen haben die Tendenz, viel über Vergangenes zu sprechen. Erinnerungen werden immer wichtiger. Auch das Denken und Fühlen dreht sich häufig um Jahre oder gar Jahrzehnte Zurückliegendes. Wie du schon selbst gemerkt haben wirst, sind derlei Gedankenspiralen nicht immer konstruktiv. Sie bereiten oft mehr Probleme als sie Lösungen bieten oder gar Freude bereiten, können sie doch für schlaflose Nächte, Kopfschmerzen und schlechte Laune sorgen.

Sowohl Vergangenheitsbewältigung als auch Zukunftsplanung sind ein wichtiger Teil unseres Lebens und sollten auf jeden Fall in unsere Gedanken integriert werden. Doch wenn sich deine Gedanken im Kreis drehen, du Schwierigkeiten hast dich zu konzentrieren und das Hier und Jetzt nicht mehr genießen kannst, ist das ein klares Zeichen dafür, dass dich ein wichtiges Thema stark belastet und vereinnahmt.

Entweder spukt noch ein Gespenst der Vergangenheit in deinem Kopf herum oder du bist dir über zukünftige Entwicklungen unsicher. Obwohl du vielleicht versuchst, diese Gedanken zu unterdrücken, finden sie immer wieder ihren Weg in dein Bewusstsein. Und so bist du mental überall – nur nicht in der Gegenwart.

Um dich diesem Teufelskreis zu entziehen, hilft nur die direkte Konfrontation mit den unangenehmen Themen. Am effektivsten ist es, mit einem Freund, einem Familienmitglied oder vielleicht sogar mit einem Therapeuten darüber zu sprechen und den verworrenen Themenknoten so Stück für Stück zu lösen.

Um einer solchen Situation vorzubeugen, kannst du dir aber auch einfach regelmäßig Zeit für dich nehmen und deine Gedanken und Gefühle aufschreiben oder mental in Worte fassen. Wenn du dich bewusst und konstruktiv zu klar begrenzten Zeiten mit dem Thema, welches dich bedrückt, befasst, kannst du es danach leichter für eine Weile aus deinen Gedanken verbannen.

Auch Meditationen oder Achtsamkeitsübungen können dir dabei helfen, deinen ständig arbeitenden Kopf ein wenig zu entlasten. Sie helfen dir dabei, deine Aufmerksamkeit verstärkt auf das Hier und Jetzt und auf deine aktuellen Gefühle und Empfindungen zu richten.

Übung

Im folgenden Ritual kannst du durch Meditation mehr Ordnung in deine Gedankengänge bringen.

Setze oder lege dich bequem hin und schließe für die nächsten zwanzig Minuten die Augen. Nimm nun alle Gedanken an, die zu dir kommen und lasse sie wieder ziehen. Je öfter du dieses Ritual durchführst, umso befreiter wirst du dich fühlen, denn manche Gedanken kehren nie wieder zurück.

Übung

Im Rahmen einer weiteren Übung zünde eine Kerze an und setze dich aufrecht mit entspannten Schultern so hin, dass du sie gut im Blick hast. Deine Arme liegen auf den Oberschenkeln. Entspanne deinen Muskeln und betrachte mindestens fünf Minuten lang die Kerze. Dann schließe die Augen und stelle dir

für weitere fünf Minuten die brennende Kerze bildlich vor. Wiederhole diese Übung regelmäßig und genieße die Ruhe und Entspannung, die sie mit sich bringt.

10.13 Achtsamkeit

Damit kommen wir zur Achtsamkeit. Je älter wir werden, desto schwerer fällt es uns, mit Zeitdruck und Stresssituationen umzugehen. Ein Grund dafür ist das Sinken des Hormons DHEA (Dehydroepiandrosteron), welches stressreduzierende Wirkung entfaltet. Daher ist es wichtig, im Hier und Jetzt zu leben!

Konzentriere dich darauf, was du in diesem Moment tust, fühlst und empfindest. Dabei ist es unerheblich, ob du gerade ein Gespräch führst, kochst oder in der Badewanne liegst. Achtsamkeit bedeutet, dein Leben aufmerksamer, selbstbestimmter und intensiver zu gestalten. So fühlst du dich auch gleich viel besser mit dem, was du tust.

10.14 Wohlfühlprogramm statt Pensionsschock

Der Renteneintritt ist oft eine sehr stressreiche, lebensverändernde Angelegenheit. Nicht umsonst spricht man auch vom Pensionsschock. Von heute auf morgen verliert man eine oft jahrzehntelange Routine, Kontakte, aber auch Status und Einfluss.

Achte daher in dieser Phase besonders auf dich. Gönne dir Ruhe und vermeide so gut wie möglich zusätzlichen Stress und Trubel in deinem Leben. Tu dir stattdessen Gutes und verwöhne dich, wann immer du dazu die Gelegenheit hast. Versuche Zeit ganz für dich selbst zu reservieren, wo du dich deinem Wohlfühlprogramm widmest.

Dazu gehören zum Beispiel der regelmäßige Besuch des Fitnessstudios, Termine beim Masseur oder ein Kurzurlaub. Gestalte deine Wohnung um oder richte sie neu ein, und zwar so, wie du sie immer schon haben wolltest. Damit schaffst du einen behaglichen Rückzugsort, wo du dich geborgen fühlen kannst.

Tu auch Dinge, für die während deines aktiven beruflichen Lebens keine Zeit war, etwa den ganzen Tag im Bett zu bleiben oder Serien anzusehen. Knüpfe nette Kontakte und erschließe dir einen neuen Freundeskreis. Vernachlässige auch deine alten Freunde nicht und arrangiere regelmäßige Treffen. Unternimm viel und probiere Neues aus, auch wenn es nur das Geschäft ist, in dem du Lebensmittel einkaufst.

Alles, was du tust, um achtsam mit dir umzugehen und dich zu verwöhnen, muss nichts Weltbewegendes sein, sollte dir aber zu verstehen geben, dass du nichts an Wertigkeit verloren hat, nur weil du nicht mehr im aktiven Erwerbsleben stehst. Du verdienst es, dass es dir gut geht!

10.15 Entwickle neue Zukunftsvisionen

Auch wenn du versuchen solltest, möglichst oft im Hier und Jetzt zu leben, ist es genau so wichtig, dass du dir hin und wieder Zeit für Zukunftsvisionen nimmst. Schreibe alle deine Wünsche und Hoffnungen auf. Was möchtest du tun? Was würde dir Freude bereiten? Was begeistert dich? Wenn du eine neue Sprache lernen willst, notiere dies genauso, wie wenn du mehr Sport machen möchtest. Auf diese Weise beginnst du schon gedanklich, deine Vorhaben in die Realität umzusetzen. Anschließend mach dich auf, deine Pläne zu verwirklichen.

Wenn es dein Budget zulässt, fahre an die drei Orte, an die du immer schon reisen wolltest. Kontaktiere drei alte Freunde.

Koche wieder etwas, was du früher geliebt und schon lange nicht mehr gegessen hast oder noch besser, gehe in ein Restaurant und bestelle diese Mahlzeiten. Denk dir drei Aktivitäten aus, die du immer schon ausprobieren wolltest.

Vielleicht war es vor Jahren dein Wunsch, Tennis zu spielen oder an einer Aerobic-Stunde teilzunehmen. Welche Zeitschriften wolltest du immer lesen, in welche Ausstellung schon lange gehen? Beschließe, in den nächsten drei bis vier Wochen die Ausstellung zu besuchen und alle Zeitschriften zu lesen, die dich interessieren.

Wie willst du dich selbst verändern? Schreibe drei Ideen auf, die dir im Zusammenhang mit deiner persönlichen Entwicklung einfallen und beginne sofort, an dir selbst zu arbeiten.

Auch wenn du das Gefühl hast, dass es bei der Verwirklichung deiner Ziele Hindernisse geben könnte, verzage nicht. Schreib trotzdem alle deine Visionen auf und notiere auch mögliche Probleme. Dann überlege Schritt für Schritt, wie du trotz Widerständen dein Ziel erreichen kannst. Notiere auch ein Datum, bis wann dies geschehen soll.

Nimm dir dabei nicht zu viel auf einmal vor. Das frustriert, da man Zeit benötigt, um alle Pläne umzusetzen. Überprüfe aber regelmäßig den Stand der Dinge und deine Fortschritte und vergiss nie, dich auch für die allerkleinsten Erfolge zu belohnen.

Die Lebenszeitspanne zwischen sechzig und neunzig Jahren ist genauso lang wie jene zwischen dreißig und sechzig. Denk doch einmal daran, was dir in dieser Zeit gelungen ist und was du alles geschafft hast. Jetzt hast du nochmals so lange Zeit. Mach etwas Sinnvolles daraus

10.16 Lass los!

Es liegt ganz an dir, dich zu entscheiden, die schmerzvollen Gefühle rund um traurige Erlebnisse in der Vergangenheit los- und dich auf eine positive Zukunft einzulassen. Auch wenn du glaubst, dass deine besten Jahre längst vorbei sind, kannst du das gar nicht wissen. Sie liegen vielleicht noch vor dir und du findest noch einmal das ganz große Glück.

Vielleicht gelingt dir jetzt (endlich), ein erfülltes und zufriedenes Leben zu führen.

Denke nicht mehr an alte Verletzungen und verharre nicht in den Erinnerungen an die Vergangenheit. Sieh die Bewältigung deiner Traumata, Niederlagen und Misserfolge als wichtigen Wachstumsprozess an, der dir die Chance zu einer Reise in dein Inneres bietet und Selbsterfahrungen ermöglicht. Rufe dir ins Gedächtnis zurück, wie du Krisen in deinem früheren Leben überwunden hast und was dir dabei half, alles zu bewältigen.

Greife auch in der jetzigen Situation auf diese Ressourcen und Potenziale zurück. Mobilisiere so deine Stärken und Kompetenzen. Damit wird es dir viel besser gelingen, deine neue Realität zu meistern. Der Weg ins Unbekannte bringt neue Ziele und unerwartete Chancen. Immer öfter wird sich dann das Gefühl einstellen, dass es auch in der Vergangenheit viel Richtiges und Gutes gab.

Triff daher die bewusste Entscheidung, alles Negative loszulassen und nicht mehr an Dingen festzuhalten, die dich belasten und unglücklich machen.

Bestimme mit folgender Checkliste deine momentane Situation:

Checkliste

Wo stehe ich im Moment?

1.

2.

3.

Woran halte ich noch immer fest und kann einfach nicht loslassen?

1.

2.

3.

Welche Gedanken im Zusammenhang mit negativen Ereignissen in der Vergangenheit sind noch immer präsent?

1.

2.

3.

Wovon konnte ich mich bereits verabschieden?

1.

2.

3.

Wovon werde ich mich in nächster Zukunft befreien?

1.

2.

3.

Was würde mir dabei helfen, damit ich endlich weitergehen kann?

1.

2.

3.

Was müsste geschehen, damit ich endgültig loslassen kann?

1.

2.

3.

Übung

Um den Ablösungsprozess zu erleichtern, hilft folgende Übung:

Stelle dir vor, was wäre, wenn du am nächsten Morgen wie durch ein Wunder vollkommen befreit von den Gefühlen für und den ständigen Gedanken an die Geschehnisse der Vergangenheit aufwachst. Wie fühlt sich das an? Womit lässt du deinen Tag beginnen? Was unternimmst du? Mit wem?

Lasse alle Emotionen und Bilder, die vor deinem geistigen Auge vorbeiziehen, auf dich wirken. Sie werden dir bei der Loslösung behilflich sein, da für dich immer deutlicher wird, woran du dich noch klammerst und was deine Befreiung verhindert.

Übung

Eine gute Übung ist auch, mehrmals am Tag laut auszusprechen:

„Ich lasse ... jetzt endgültig los". Du kannst diesen oder einen ähnlichen Satz auch auf einen kleinen Zettel schreiben, den du anschließend verbrennst oder zerreißt. Befreie dich Schritt für Schritt, indem du immer wieder einen anderen Bereich loslässt. Dann stimmst du auch dein Unterbewusstsein auf das endgültige Ende und zugleich auf einen Neubeginn ein. Mache diese Übungen so lange, bis du das Gefühl hast, vollkommen frei zu sein.

Das soll dir dabei helfen, deine Gefühlswelt zu stabilisieren. Du wirst bemerken, dass du in deinem Ablösungsprozess immer weiter voranschreitest. Die Tage, die dir glücklich erscheinen, werden häufiger, und die Zeit, die du mit Trauern und Grübeln verbringst, wird immer seltener.

10.17 Vergeben

Dir ist in deinem Leben Unrecht widerfahren und nun musst du erkennen, dass dein Wunsch nach Gerechtigkeit unerfüllt bleibt. Das macht dich wütend und zornig und viele Stunden deines Lebens widmest du Gedanken an diese Situation. Du weißt, dass du nichts ändern kannst, dennoch lässt du in deinem Groll nicht los.

So hart das jetzt auf den ersten Blick klingen mag, es wäre dennoch besser zu vergeben, was dir angetan wurde. Es ist ausschließlich in deinem eigenen Interesse, dies zu tun. Deine Widersacher stört es nicht, wenn du verbittert bist über das Unrecht, welches du erlitten hast. Du schadest ganz allein dir selbst.

Also schließe ab mit deinen negativen Gefühlen und lass los. Vergebung ist keine Schwäche, sondern ein Akt der Stärke. Egal was du verloren hast – Ideelles wie deinen Stolz oder deine Würde oder auch Materielles – steh darüber und verfolge wieder Ziele, Wünsche und Visionen, die dich glücklich machen.

Der Akt des Vergebens ist kein einmaliges, punktuelles Ereignis, sondern ein längerdauernder Prozess. Stell dich darauf ein, dass du dabei verschiedene Phasen durchlaufen wirst und die Bereitschaft zu vergeben, nicht immer gleich stark ausgeprägt sein wird. Du wirst Rückschläge in Kauf nehmen müssen, solltest aber niemals dein Endziel aus den Augen verlieren – nämlich für immer abzuschließen. Dies schützt vor Gefühlen der Verbitterung.

Vergeben bedeutet nicht, dass du zu dem Schluss kommst, dass die schrecklichen Dinge, die dir angetan wurden, ohnehin irgendwie in Ordnung sind. Das sind sie nicht und werden es auch niemals sein! Dein Vergeben hat damit absolut nichts zu tun.

Indem du vergibst, lässt du los und bringst deine Emotionen wieder ins Gleichgewicht. Dein innerer Frieden kehrt zurück und du findest Ruhe in dir selbst. Wenn du nicht bereit bist zu vergeben, wird dich das zu einer einsamen, verbitterten und zynischen Person machen.

Die Haltung wird dein Leben weiter beeinträchtigen, da dich dein Hass und Zorn nach wie vor blockieren werden. Es wird nicht nur psychische Konsequenzen, sondern auch physische geben. Magengeschwüre und Bluthochdruck können ebenfalls die Folge sein. Kannst du hingegen verzeihen, bringt dir dies emotionale Freiheit und ein unbeschwertes Leben.

Vergebung ist kein Gefühl. Es geht nicht darum zu warten, bis sich diese Emotion einstellt. Vergebung ist ein bewusster Akt, der aktiv gesetzt werden muss. Du entscheidest dich ganz klar dafür zu verzeihen. Jedes Mal, wenn sich Gefühle der Härte und der Wunsch, nicht vergeben zu wollen, einstellen, solltest du wieder und wieder bewusst die Entscheidung treffen, zu verzeihen.

Dies kann am Anfang sogar täglich der Fall sein. Eine Haltung einzunehmen nach dem Motto „Ich werde ihm nicht vergeben, bis er das und das gemacht oder gesagt hat", bringt die andere Person in eine Kontrollposition über dein Leben. Vergiss die Idee, dass Vergebung ein reziproker Akt ist und du von den Handlungen anderer abhängst, um verzeihen zu können. Zu vergeben ist eine einseitige, aktive und persönliche Entscheidung deinerseits.

Zu beachten ist auch, dass Vergebung und Versöhnung zwei vollkommen verschiedene Dinge sind. Du kannst vergeben, um dich wieder frei und unbelastet zu fühlen. Das bedeutet aber noch lange nicht, dass du dich auch versöhnen musst. Wenn du vergibst, entlastest du dich von einer Bürde, wenn du dich versöhnst, entscheidest du, deine Beziehung zu der anderen Person zu erneuern und umzudefinieren. Natürlich kann letztendlich die Versöhnung der ideale Zustand sein, doch dieser ist nicht immer erzielbar. Es reicht vollkommen aus, wenn du vergeben hast und wieder in Frieden leben kannst.

Übung

Siehst du im Augenblick keine Chance, vergeben zu können? Dann schreibe all das auf, was man dir angetan hat und wofür du noch immer Wut oder sogar Hass empfindest. Notiere, was dir widerfahren ist und was du bei dem Gedanken daran empfindest. Verfasse eine regelrechte „Anklageschrift" und beende diese mit dem Satz „Deshalb kann ich nicht vergeben".

Anklageschrift

1.

2.

3.

4.

5.

6.

7.

8.

9.

10.

Nun überlege, was passieren müsste, damit du verzeihen kannst. Gestatte dir alle Gedanken, auch wenn diese noch so verwerflich sein mögen. So könntest du dir etwa vorstellen, vergeben zu können, wenn die Person, von der dir Unrecht widerfahren ist, von einer schweren Krankheit befallen wird und auf diese Weise bestraft wird. Vielleicht ist es für dich aber auch schon ausreichend, wenn sie sich dir gegenüber einfach nur schuldig für ihr Verhalten fühlt.

So könnte ich vergeben

1.

2.

3.

4.

5.

6.

7.

8.

9.

10.

Anschließend denke daran, was wäre, wenn du vergeben würdest. Könntest du dann wieder unbeschwert sein, Glück empfinden und dich deines Lebens erfreuen? Wäre dein Dasein nicht ein viel schöneres und erfüllteres? Was würde passieren, wenn deine Bitterkeit ein Ende fände und du aus deiner Erstarrung erwachen würdest? Was, wenn deine Ressentiments nicht mehr existierten?

Übung

Um für dich selbst noch einmal einen bewussten, endgültigen Schlussstrich unter die Vergangenheit zu ziehen, kann folgende Übung helfen:

Lege dich bequem hin und schließe die Augen. Atme ruhig und tief. Dann stell dir vor, wie du jenen Menschen, der dich tief verletzt hat in einem bestimmten Raum triffst. Du stehst ihm gegenüber und siehst ihm in die Augen. Dann sprich zu ihm und sage: „Das, was du mir angetan hast, war furchtbar, aber ich verzeihe dir. Ich blicke ohne Groll zurück. Jetzt lebe ich ein neues Leben und bin wieder glücklich.“ Dann stell dir vor, wie du den Raum verlässt und die Türe hinter dir schließt. Atme noch einmal tief ein, strecke dich und öffne die Augen. Wichtig ist es auch, dich nicht mit Selbstvorwürfen zu belasten und dir selbst zu vergeben. Was geschehen ist, ist geschehen. Du wirst es nicht mehr ändern. Deine Frau hat dich verlassen und vielleicht hätte sie es auch getan, wenn du weniger hart an deiner Karriere gearbeitet und mehr Zeit mit ihr verbracht hättest. Du hast damals das Haus bauen wollen, obwohl du es dir gar nicht leisten konntest und du den Kredit nicht mehr bedienen konntest? Jetzt lebst du eben in einer Mietwohnung. Ja, und? Akzeptiere es, geh weiter in deinem Leben und blicke weder im Groll noch in Wehmut zurück.

10.18 Resilienz

Je öfter es uns im Laufe unseres Lebens gelungen ist, Krisen zu bewältigen, umso mehr profitieren wir jetzt im Alter davon. Jede einzelne hat unsere Resilienz gestärkt, uns mit anderen Worten widerstandsfähiger in Hinblick auf Misserfolge, Rückschläge, Verluste, Konflikte und Leid gemacht. Dies hilft uns, neue kritische Lebensphasen besser zu bewältigen. Es gelingt uns eher, auch im stärksten Sturm gelassen zu bleiben, weil wir wissen, dass die Sonne irgendwann wieder scheinen wird. Das verbessert auch unsere Problemlösungskompetenz, aber auch das Wissen darum, was wir akzeptieren müssen, da es sich nicht verändern lässt. Im Laufe deines Lebens hast du viele Erfahrungen gesammelt, viele Schwierigkeiten gemeistert und so manche Krise bewältigt. Achte darauf, dass du deine eigene Biografie wertschätzt. Das macht zufrieden und glücklich und hilft dir, daraus positive Energien zu schöpfen.

10.19 Glaubenssätze

Wichtig ist es auch, spätestens jetzt Glaubenssätze umzuformulieren. Im Laufe unseres Lebens haben sich Einstellungen und Überzeugungen verfestigt, die wir großteils von anderen übernommen haben, die aber unser Leben und Handeln in maßgeblicher Form beeinflussen. Glaubenssätze sind meist destruktiv und negativ und versuchen uns zu vermitteln, was alles nicht möglich und schlecht ist. Man hat dir erfolgreich eingeredet, dass du ungeschickt bist, nie Geld haben wirst, nicht kochen kannst und andere langweilst? Befreie dich von diesen Überzeugungen und ersetze sie durch eine positive Grundhaltung dir gegenüber.

10.20 Selbstwirksamkeit

Das Konzept der Selbstwirksamkeit geht davon aus, dass selbstwirksame Menschen Herausforderungen und Probleme mit der Einstellung „Ich schaffe es" angehen, anstatt die Hoffnung aufzugeben und sich einem Gefühl der Hilflosigkeit zu ergeben. Sie gehen davon aus, dass sie Geschehnisse in irgendeiner Form beeinflussen können. Auch wenn eine solche Einschätzung falsch sein sollte, bestimmt diese Haltung dennoch unser Handeln und steigert die Erfolgsaussichten.

Du weißt um deine Selbstwirksamkeit. Du entscheidest selbst weitgehend über dein Schicksal, nimmst die Dinge in die Hand und bist dem Leben und seinen Herausforderungen somit nicht hilflos ausgeliefert.

Deine Träume sind realistischen Erwartungen gewichen. Das macht dich nicht zu einem kalten Pragmatiker, sondern zu jemandem, der weiß, was möglich ist und was nicht und daher Enttäuschungen weitgehend vorbeugt.

. . .

10.21 Hobbys

Nimm alte Hobbys wieder auf und profitiere vom Lerneffekt, der sie begleitet, wenn du sie regelmäßig und einigermaßen ernsthaft betreibst. Oder entscheide dich für etwas ganz Neues. Es ist nie zu spät, um mit einem neuen Hobby anzufangen!

Warum nicht endlich Klavierstunden nehmen, wenn du seit deiner Kindheit davon träumst, ein Instrument zu erlernen? Oder besuche einen Kletterkurs, wenn du lieber Sport betreibst. Auch künstlerisch kannst du dich betätigen, wenn deine Talente eher auf der artistischen Seite angesiedelt sind. Wie wäre es da mit einem Kurs für Porträtzeichnen oder Aktmalerei?

Eines der größten Fehlkonzepte unserer Gesellschaft ist, dass wir für unsere Hobbys Talent haben müssen. Doch warum muss man unbedingt gut in etwas sein, das man zum reinen Vergnügen macht? Auch wenn du miserabel singst, kannst du trotzdem den größten Spaß dabei haben! Und so ganz ohne Erfolgsdruck wird es so richtig lustig, weil du durch die ständige Beschäftigung trotzdem immer besser bei deinen Hobbys wirst.

10.22 Reisen

Du warst noch niemals in New York? Dann wird es aber endlich Zeit, dass du dort hinfliegst. Reisen gehört zu den an- und aufregendsten Aktivitäten überhaupt. Also kauf dir ein Ticket und los geht‘s!

Kapitel 11

Liebe im Alter

Altern schützt vor Liebe nicht, aber Liebe vor dem Altern.

Coco Chanel

11.1 Es ist nie zu spät für die große Liebe

Auch im fortgeschrittenen Alter kann man noch eine glückliche Partnerschaft leben, sei es mit jeder Person, mit der man vielleicht schon sein halbes Leben teilt

oder aber auch mit einer neuen, in die man sich verliebt hat. Das Alter hindert nicht daran, eine erfüllte Partnerschaft zu haben und ein aufregendes Sexualleben zu führen. Liebe ist in jedem Alter möglich, sei es, dass du dieses Gefühl deinem langjährigen

Partner gegenüber empfindest oder dich im fortgeschrittenen Alter noch einmal verliebst.

Eine glückliche Beziehung verbessert die Lebensqualität und führt zu körperlichem und mentalem Wohlbefinden.

Sex und Zärtlichkeit haben in jedem Lebensalter ihren berechtigten Platz und können ein wesentlicher Teil für ein zufriedenes und erfülltes Leben sein. Dies gilt für Männer und Frauen gleichermaßen. Liebe und Partnerschaft haben ebenso kein Alterslimit wie der Wunsch nach Zuneigung und Zärtlichkeit.

Ein erfülltes Sexualleben erfordert in jedem Lebensalter Offenheit gegenüber dem Partner, den Austausch über Interessen sowie die klare Artikulation von eigenen Bedürfnissen und Wünschen. Entscheidend ist in dieser Lebensphase auch der Abbau von Gefühlen der Scham gegenüber dem eigenen alternden Körper und die Annahme jenes des Partners.

Im Alter stehen weniger Häufigkeit und Performanz im Zentrum des Sexuallebens, sondern mehr der Wunsch nach Nähe und Vertrautheit. Manchmal wird die Sexualität durch Krankheiten, chronische Schmerzen, Störungen des Hormonhaushalts oder die Notwendigkeit der Einnahme von Medikamenten beeinträchtigt. Auch wenn diese selbst an Bedeutung verlieren kann, bleibt die körperliche Nähe ganz wichtig.

Nach der Menopause kommt es zu hormonellen Veränderungen und ein Östrogenmangel kann zu Scheidentrockenheit führen. Dies macht den Geschlechtsverkehr oft unangenehm oder sogar schmerzhaft. Dabei kann schon ein Gleitmittel aus der Apotheke

Abhilfe schaffen. Männer brauchen im höheren Alter für eine Erektion meist länger, als dies in jüngeren Jahren der Fall war.

Dazu kommt, dass die Spermamenge abnimmt, weshalb auch das Bedürfnis zu ejakulieren geringer wird. Dies kann zu Unsicherheiten führen. Auch leiden ältere Männer zudem häufiger unter Impotenz.

Doch trotz dieser Einschränkungen kann eine glückliche Beziehung gelebt werden, bei der der Fokus wie gesagt weniger auf dem Sexualverkehr liegt, sondern mehr der Austausch von Zärtlichkeiten im Vordergrund steht.

11.2 Zweite Chancen

Die Chancen stehen so gut wie nie, dass du auf einen Menschen triffst, der auch noch einmal die große Liebe erleben möchte. Neben jenen Personen, die ihre Partner durch Tod verlieren, gibt es auch viele, die nach Trennungen oder Scheidungen allein sind. Die Trennungs- und Scheidungsraten in westlichen Industrieländern sind selbst im fortgeschrittenen Alter hoch.

Trennungen und Scheidungen gibt es immer mehr auch nach dreißig, vierzig und sogar fünfzig Jahren Beziehung. Daher gibt es Männer und Frauen in allen Altersgruppen, die ebenso wie du wieder allein und daran interessiert sind, nochmals von vorne zu beginnen.

Mit neuem Lebensmut und positiver Zukunftsausrichtung ausgestattet, bist du die ideale Partnerin bzw. der ideale Partner für eine neue Beziehung.

Partnerschaften werden immer häufiger für bestimmte Lebensabschnitte eingegangen. Die Folgen sind sukzessive Lebenspartnerschaften und Ehen, die sich nach, Tod, Scheidungen und Trennungen von früheren Partnern entwickeln.

Auf diese Weise entstehen neue, hochkomplexe Beziehungskonstrukte und Rollenerwartungen, die den klassischen Modellen absolut nicht mehr entsprechen.

Eine neue Beziehung umfasst nämlich immer häufiger nicht nur zwei sich liebende Menschen, sondern auch deren Kinder aus vorangegangenen Partnerschaften, die Ex-Partner, Ex-Familienmitglieder und meist auch Zahlungsverpflichtungen als Relikte aus der Vergangenheit. Das kann Probleme mit sich bringen.

Auch wenn du und dein neuer Partner aufgrund eures höheren Alters kaum mehr mit Erziehungsfragen und anderen Schwierigkeiten junger Patchwork-Familien kämpfen müsst, kann euch durchaus eine Welle von Missgunst, Hass und Neid gekoppelt mit störenden Verhaltensweisen, die euer neues Liebesglück überschatten, entgegenschwappen.

Zeit ist ein wichtiger Faktor, um solche Wogen zu glätten. Wichtig ist es auch, Abgrenzungen vorzunehmen und die eigene Rolle im neuen Gefüge in zufriedenstellender Form zu definieren. Nach und nach ist eine Konsolidierung zu erwarten und deine Position als neue Frau bzw. neuer Mann im Leben des geliebten Partners gewinnt an Selbstverständlichkeit. Dies begünstigt dann auch die Bildung einer stabilen Paaridentität.

11.3 Wo lernt man interessante Menschen kennen?

Wenn du wieder Ausschau nach einem neuen Partner hältst, gibt es viele Möglichkeiten, um Bekanntschaften mit interessanten Männern und Frauen zu machen. Grundsätzlich ist es überall möglich, Kontakte zu knüpfen und Menschen kennenzulernen. Wenn du zum Beispiel ein Hobby hast, kannst du sehr leicht Freunde finden, da sich diese für ähnliche Dinge interessieren wie du selbst. Dasselbe gilt für sportliche Aktivitäten, vor allem dann, wenn es Teamsportarten sind. Auch in der Stadt, im Caféhaus, an der Kassa des Supermarkts, im Kino oder im Theater gibt es Möglichkeiten, um Bekanntschaften zu schließen.

Wenn du dich dazu entschließt, Kurse zu besuchen, kommst du auch leicht in Kontakt mit anderen Menschen. Solche werden von örtlichen Volkshochschulen, Sprachinstituten, aber auch Universitäten angeboten. Es gibt immer mehr ältere Studierende, das heißt, dass sich dort Gleichgesinnte aller Altersgruppen finden.

Um gezielt nach Männern bzw. Frauen Ausschau zu halten, sind natürlich Veranstaltungen ideal, die hauptsächlich von solchen besucht werden. Baummärkte bieten immer wieder Veranstaltungen für Heimwerker an. Der Großteil der Teilnehmer sind Männer. Auch wenn du dich als Frau bisher nicht wirklich für das Verlegen von Fliesen und Parkettböden interessiert hast, macht das nichts.

Neben der Chance, nette männliche Bekanntschaften zu schließen, vermitteln dir diese Kurse gleich auch praktisches Wissen, das du für die Bewältigung deines Alltags durchaus gebrauchen kannst. Als Mann im Seidenmalkurs? Warum nicht. Neben netten Bekanntschaften, die du sicher schließen wirst, kann das Bemalen von Seidentüchern sogar zu deinem neuen Hobby werden.

Auch bei der Wahl einer geeigneten Sportart, solltest du auf die Präferenzen von Männern bzw. Frauen Rücksicht nehmen. Ein guter Tipp ist Golf, da sich auf Golfplätzen nach wie vor bevorzugt Männer tummeln. Jene, die am Wochenende einem Hobby nachgehen können, sind eher ungebunden, da Familienväter die Zeit am Samstag und Sonntag tendenziell zu Hause verbringen. Gleichzeitig trifft man dort auf eine eher finanzstarke Klientel, was nicht unbedingt von Nachteil sein muss. Fitnessstudios sind ein weiterer Ort, wo man leicht Bekanntschaften machen kann.

Besuche daher keine Einrichtung, die ausschließlich für Frauen oder Männer gedacht ist, sondern gehe in gemischte Studios. Frauen lassen sich leicht in Tanzkursen kennenlernen, wo Männer ohnehin oft unterrepräsentiert sind. Selbsthilfegruppen, in denen gemeinsam eine Vielzahl von Problemen aufgearbeitet werden, sind eine andere interessante Möglichkeit, um neue Menschen kennenzulernen. Ähnlich verhält es sich mit Reisegruppen. Buchst du eine interessante Reise hast du nicht nur den Vorteil neuer Eindrücke und Erlebnisse, sondern kannst ganz nebenbei auch nette Männer bzw. Frauen kennenlernen.

Wenn du ein Partnervermittlungsinstitut in Anspruch nehmen willst, erkundige dich zuvor, welche Institute seriös sind und bringe die genauen Geschäftsbedingungen in Erfahrung. Die Kosten für die Vermittlungen sind oft sehr hoch und keines der Institute garantiert für den Erfolg. Außerdem ist es oft schwierig, aus Verträgen auszusteigen, auch wenn du keine Chance siehst, auf diesem Weg einen Partner kennenzulernen.

Im Internet bieten sich auch unzählige Chancen, um Kontakte zu knüpfen und jemanden zu finden, der an einer Partnerschaft interessiert ist. Parship, Elite und andere Plattformen dienen als Partnervermittlungsbörsen. Auch bei diesen Firmen ist es ganz wichtig, sich die Vertragsbedingungen vorher ganz genau durchzulesen, damit es keine unangenehmen (finanziellen) Überraschungen gibt.

Du könntest dich auch thematischen Internetseiten anschließen, wo sich Menschen über bestimmte Themen wie etwa Fotografie austauschen. Auch daraus können sich engere persönliche Kontakte ergeben.

Traue dich, allein zu Veranstaltungen zu gehen. Wenn du zu unsicher bist, nimm eine Freundin oder einen Freund mit. Du bist nicht als Single erkennbar und niemand sieht dir an, dass du gerne neue Bekanntschaften knüpfen möchtest. Zudem interessieren sich kaum Menschen für deinen momentanen Status, sondern nehmen dich als nette, liebenswerte Person wahr, die es vielleicht wert ist, näher kennengelernt zu werden.

Mehr als die Hälfte all jener, die in Ballungszentren leben, sind getrennt oder geschieden. Du befindest dich also in guter Gesellschaft. Hab daher keine Angst und gehe offen auf andere zu.

Auch wenn sich daraus nicht sofort tiefe Freundschaften oder gar Beziehungen entwickeln, tut es dir gut, unter Menschen zu sein.

Single-Reisen, Single-Clubs, Single-Abende oder Single-Tanzveranstaltungen sind ebenfalls eine ideale Form, um Menschen kennenzulernen. Man kann auch mit Frauen und Männern erstmal ungezwungene Kontakte knüpfen, um dann über deren Bekanntenkreis vielleicht einen großartigen Mann bzw. eine tolle Frau zu finden. Der Markt ist voll mit Angeboten, da auch die Werbung Singles als Zielgruppe entdeckt hat.

11.4 Triff die richtigen Entscheidungen

Eine neue Beziehung einzugehen ist nur dann erfolgversprechend, wenn du deine Vergangenheit losgelassen hast und mit dir selbst wieder ganz im Reinen sind. Sonst wird es nicht gelingen, dem neuen Menschen in deinem Leben ehrliche Gefühle entgegenzubringen.

Wenn du wieder an einer Beziehung interessiert bist, überstürze nichts. Bevor du dich für eine neue Partnerschaft entscheidest, überlege ganz genau, was deine Gründe dafür sind. Ist es Liebe zu diesem Menschen? Willst du noch einmal von vorne beginnen oder dient die neue Beziehung nur dazu, um deine Einsamkeit zu überwinden? Brauchst du jemanden, der dich versorgt oder den du umsorgen kannst? Willst du, um Kosten zu sparen, deinen Wohnsitz teilen? Oder geht es wirklich nur um den Menschen und deine Gefühle für ihn?

Kommt es zu ersten vielversprechenden Entwicklungen, lass dir wiederum Zeit. Noch ist es nicht wichtig, ob eine neue Bekanntschaft eine feste Beziehung mit dir möchte oder zur großen Liebe werden kann. Erzwinge daher nichts und interpretiere nicht zu viel in erste neue Gefühle. Stürze dich in nichts hinein, da ansonsten Enttäuschungen drohen.

Lerne deinen potenziellen neuen Partner erst gut kennen, bevor du definitive Entscheidungen triffst. Frage dich selbst, ob diese Person jene ist, mit der du das alles willst und stelle sicher, ob auch sie bereit ist, mit dir diesen Weg zu gehen. Das heißt: Ziehe nicht gleich mit ihr zusammen, borge ihr kein Geld, und warte zu, bevor du eine emotionale Bindung aufbaust.

Sollte es mit einer neuen Beziehung nicht gleich funktionieren, verliere nicht den Mut. Bleibe stattdessen offen für neue Bekanntschaften.

Wie immer im Leben kann sich alles in die von dir gewünschte Richtung entwickeln, muss es aber nicht. Doch deine Lebenserfahrung hat dich gelehrt, gut damit umgehen, sollte sich nicht gleich alles so ergeben, wie du es dir gewünscht hättest.

Kapitel 12

Ein behutsamer Umgang mit dem Tod

Ich fürchte den Tod nicht. Ich war Milliarden und Abermilliarden Jahre tot, bevor ich geboren wurde, und es hat mir nicht die geringsten Unannehmlichkeiten bereitet.

Mark Twain

12.1 Das große Tabu

Sprechen wir über das, worüber niemand reden will. Über das Sterben. Jahrzehntelang kann man die eigene Vergänglichkeit erfolgreich verdrängen, doch früher oder später muss man sich zwangsläufig damit auseinandersetzen. In unserer Gesellschaft ist der Tod ein ungeliebtes Thema, er wird geradezu totgeschwiegen. Dabei ist die Sterblichkeit eine der wenigen Dinge, die wir ausnahmslos alle teilen.

In fast allen Glaubensrichtungen bestimmen ein Gott bzw. mehrere gottgleiche Wesen darüber, wer wann stirbt und was anschließend mit der Seele dieser Person geschieht. In den meisten Religionen wird der Tod nicht als das Ende unserer Existenz, sondern nur als ein Übergang zu einer anderen Lebensstufe gesehen. Diese Sichtweise hat für gläubige Menschen unabhängig von ihrer Konfession einen beruhigenden und tröstlichen Effekt.

Kulturhistoriker sehen einen Zusammenhang zwischen der zunehmenden Abkehr vom religiösen Glauben in der westlichen Gesellschaft und einem Anstieg der Angst vor dem Tod. Da es unmöglich ist, über den Tod irgendetwas mit Sicherheit sagen zu können, fällt häufig die Entscheidung, ihn einfach zu ignorieren bzw. so lange es geht, jeden Gedanken an ihn von sich zu schieben. Wie sehr Todesangst dennoch unser tägliches Leben bestimmt, ist nicht zu übersehen.

Übertriebener Körperkult, Jugendwahn, hektische Angst davor, Dinge zu verpassen, der zwanghafte Wunsch, etwas in seinem Leben zu erreichen – all das gäbe es vielleicht nicht in diesen Ausprägungen, wenn wir alle ein entspannteres und unproblematischeres Verhältnis zum Tod hätten.

72 % der unter Dreißigjährigen geben an, den Tod zu fürchten. Bei alten Leuten sind es erstaunlicherweise weniger. Körper und Geist scheinen sich in gewisser Hinsicht gemeinsam auf ein baldiges Verlassen dieser Welt vorzubereiten. Fest steht, dass das Sterben unausweichlich ist und dass es daher der bessere Weg ist, das zu akzeptieren und in unser Bewusstsein zu integrieren. Auf die Frage, warum sie Angst vor dem Tod haben, wissen die meisten Leute keine Antwort. Letztlich ist es das Ungewisse, das

uns nervös macht, das Unkontrollierbare, auf das wir uns nicht vorbereiten können.

Gibt es ein Leben nach dem Tod? Gibt es einen Himmel, eine Hölle oder gar die Reinkarnation? Diese Fragen stellen wir uns alle irgendwann und letztlich müssen wir sie auch für uns selbst beantworten. Wie ein Individuum zum Tod steht, hat nicht unwesentlich mit der Bewertung des Diesseits zu tun. So sind Menschen, die mit sich und ihrem Leben im Reinen sind, meist emotional besser für das Sterben gewappnet als solche, die Vergangenes immer noch bereuen oder einige Themen noch nicht geklärt haben. Gerade im Alter ist es daher von enormer Wichtigkeit, ehrlich zu sich selbst und zu anderen zu sein und Streitigkeiten und Missverständnisse ein für alle Mal beizulegen.

Dazu gehört auch, mal die guten Dinge anzusprechen. Dem Sohn zu vermitteln, dass man stolz auf ihn ist. Dem Ehepartner zu sagen, dass man ihn liebt. Dem Nachbarn zu signalisieren, dass man ihm dankbar ist. Es ist erstaunlich schwer für viele Menschen, ihre positiven Emotionen klar zu kommunizieren. Doch je öfter du dich traust, dich zu öffnen, desto gelassener und zufriedener wirst du sein. Und mit der Gelassenheit und generellen Zufriedenheit geht automatisch auch eine Reduktion der Todesangst einher.

Der Tod ist unbegreiflich. Das macht Angst. Noch mehr fürchten wir uns aber davor, nicht zu wissen, wann er eintritt und wie das geschehen wird.

Vielleicht fragst du dich, was du noch alles erleben darfst, bevor es endgültig vorbei ist für dich. Was wirst du nicht mehr mitbekommen vom Leben deiner Kinder, Enkel- und Patenkinder?

Gedanken daran können Angst, Trauer, aber auch Wut über mögliche Versäumnisse heraufbeschwören.

Das „Wie“ unseres Todes beunruhigt auch. Wird es schnell gehen, ohne dass wir viel davon mitbekommen? Oder werden wir verdammt dazu sein, langsam schmerzgeplagt dahinzusiechen, bis endlich die Erlösung eintritt?

Doch andererseits fragt sich, welchen Sinn es hat, über unseren Todeseintritt nachzudenken. Genießen wir doch lieber das Leben in all seinen wundervollen Facetten.

Es gibt keine Erfahrungswerte zum Tod. Wir wissen nicht, wie es weitergehen wird, wenn unsere Seele diese Erde verlassen hat. Über unseren toten Körper können wir zu Lebzeiten noch selbst verfügen und die Begräbnismodalitäten festlegen, die uns am passendsten erscheinen. Hilfreich ist es daher, mit anderen Menschen über seine eigene Sterblichkeit zu reden. Das hilft übrigens auch den Angehörigen enorm, nicht nur der betroffenen Person selbst.

Und wenn im Umfeld der Familie auch ein entspannterer Umgang mit dem eigenen Tod stattfindet, nimmt das viel Druck von einem selbst. Es tut gut, sich noch einmal vor Augen zu führen, dass alle unsere liebsten Familienmitglieder und engsten Freunde auch ohne uns ein glückliches Leben führen können. Natürlich werden sie trauern, keine Frage. Doch es wird sie nicht in die Verzweiflung treiben. Mehr und mehr können wir uns mit Gesprächen und in Gedanken daran gewöhnen, dass eine Welt ohne unsere Existenz möglich ist.

Auch das Regeln finanzieller Themen und Erbangelegenheiten kann für viele eine wahre Entlastung sein, auch wenn sie sich jahrelang davor gedrückt haben. In diesem Kontext beschäftigen sie sich oft das erste Mal wirklich mit der Vorstellung an eine Realität, an der sie selbst nicht mehr teilhaben werden. Wie gesagt: je vertrauter einem diese Vorstellung ist, desto besser kann man sich darauf einlassen. Daher ist es empfehlenswert, dich so früh wie möglich mit dem Thema auseinanderzusetzen, auch wenn das erst einmal schmerzhaft sein kann.

Schließe mit Dingen ab, die noch offen sind. So kann nichts Unerledigtes zurückbleiben. Das sorgt für Frieden mir dir selbst und anderen. Wenn du das Gefühl hast, dass du noch etwas im Leben machen möchtest, tu es jetzt. Versäumte Chancen lassen sich zwar nicht nachholen, wohl aber kannst du dich fragen, ob ein möglicher anderer Weg wirklich der bessere gewesen wäre. Hör in jedem Fall auf zu hadern! Das bringt nichts. Gleiches gilt auch für vermeintlich falsche Entscheidungen. Waren sie denn wirklich so daneben oder hatten sie mit dem distanzierten Blick des Alters nicht auch viele gute Seiten und Konsequenzen?

Wirf dir nichts vor, du hast unter den damaligen Umständen dein Bestes gegeben. Schließlich ist man danach immer klüger. Nimm daher ohne Reue alles an, wie es sich entwickelt hat. Werde dir darüber bewusst, dass du alles, was möglich war, auch getan hast.

In vielen Kulturen wird mit dem Tod offener und positiver umgegangen. In Mexiko feiert man zum Beispiel jedes Jahr den Tag der Toten. In der Nacht zum ersten November kehren dem mexikanischen Glauben nach die Toten auf die Erde zurück und feiern gemeinsam mit ihren Liebsten. Also verkleidet sich die ganze Stadt und tanzt durch die Straßen.

Oft werden für die Verstorbenen kleine Schreine oder Altäre aufgebaut und mit Gaben für die Toten geschmückt wie etwa deren Lieblingsspeise oder ihr einst präferiertes Getränk. So wird der Tod kulturell positiver geprägt und verliert ein wenig seinen Schrecken, egal ob man nun glaubt, dass die Seelen der Verstorbenen weiterleben oder nicht. Der Dia de los muertos gibt wenigstens jedem Menschen die beruhigende Gewissheit, dass man nicht so schnell in Vergessenheit geraten wird.

Auch in anderen Regionen wie etwa in Indonesien, Jamaika oder Indien wird das Thema des Sterbens positiver als in westlichen Kulturen verarbeitet. Trauerfeiern sind dort festliche Zeremonien, bei denen getanzt, gesungen und gelacht wird. Die Toten werden von ihren eigenen Familienmitgliedern einbalsamiert und manchmal sogar über mehrere Wochen hinweg im Haus aufgebahrt. So haben alle ausreichend Zeit, sich gebührend zu verabschieden. Auch Kinder gewöhnen sich bereits früh an den Anblick einer toten Person und das Konzept des Sterbens.

12.2 Das Sterben der anderen

Nicht nur der Gedanke an den eigenen Tod kann eine Belastung darstellen. Auch der Tod anderer Menschen lastet oft schwer. Mit zunehmendem Alter erleben wir zwangsläufig immer häufiger das Ableben anderer, uns oft auch sehr nahestehender Menschen mit. Meist gehen Großeltern und Eltern, vielleicht auch ältere Geschwister, Freunde und Partner vor uns.

Es kann aber auch passieren, dass wir Kinder, Enkelkinder und gleichaltrige Freunde verlieren. Das können besonders erschütternde und grausame Erfahrungen sein. Meist wird der Tod als unfassbar und ohne Sinn erlebt. Immer nimmt er uns etwas Unwiederbringliches und hinterlässt eine tiefe Leere in unserem Leben.

Das Fehlen eines geliebten Menschen lässt es erst einmal unmöglich erscheinen, das normale Leben wieder aufzunehmen. Doch trotz der tiefen persönlichen Krise ist Trauerbewältigung in jedem Alter möglich und notwendig. Um den Schmerz wirklich verarbeiten zu können, ist es wichtig, sich nicht davor zu verschließen.

Die Bewältigung von Trauer verläuft typischerweise in verschiedenen Phasen. Diese können bei jeder Person unterschiedlich lang und unterschiedlich ausgeprägt sein. Anfangs überwiegt der Schock über das Geschehene. Vom Schmerz fast betäubt, sträubt sich das Gehirn noch dagegen, wirklich zu realisieren, was geschehen ist.

Manchmal verfallen Betroffene in automatisierte Denkmuster und vergessen kurzzeitig, dass der andere nicht mehr da ist. So kann es passieren, dass man noch laut „Hallo“ ruft, wenn man die Wohnung betritt oder die Nougatschokolade aus dem Supermarkt mitbringt, die der Partner so gern gegessen hat.

Hat man irgendwann wirklich realisiert, dass der geliebte Mensch für immer gegangen ist, tritt man in die zweite Trauerphase ein. Alle Gefühle brechen über einem zusammen: Schmerz, Wut, Trauer, Schuld, Verzweiflung, Angst... Diese Phase ist extrem schmerzhaft und schwierig zu bewältigen. Oft geht sie auch mit körperlichen Begleiterscheinungen einher und Betroffene können kaum schlafen, haben keinen Appetit und leiden unter Konzentrationsstörungen.

Wenn diese Phase durchlaufen ist, folgt jene der Akzeptanz, in der man damit beginnt, sich wieder im Leben zu orientieren. Die Gedanken werden nicht mehr ausschließlich vom Verlust dominiert, sondern das eigene Leben kann langsam wieder in die gewohnten Bahnen zurückgelenkt werden.

12.3 Wie du deine Trauer bewältigst

Der Kern einer erfolgreichen Trauerarbeit liegt zuerst in der bewussten Wahrnehmung der eigenen Gefühle. So schrecklich es sich auch anfühlen mag, der Schmerz will ausgelebt werden. Dafür gibt es keinen zeitlichen Rahmen oder eine Begrenzung der Trauerintensität. Weine alle Tränen, die du weinen musst. Schreie alles heraus, was du herausschreien musst. Oft fühlen sich Trauernde ihrer eigenen Trauer wegen schwach und schuldig und versuchen, sich selbst zu disziplinieren.

Es kann sein, dass du irgendwann denkst, du müsstest dich endlich zusammenreißen, weil „es ja jetzt schon zwei Jahre her ist“ oder weil „es doch nichts bringt, traurig zu sein“. Solche Gedanken sind allerdings kontraproduktiv. Jeder Mensch trauert auf seine eigene Weise und benötigt dafür seine eigene Zeit. Schäme dich deiner Gefühle nicht, sondern versuche lieber, möglichst offen mit ihnen umzugehen.

Vielleicht hast du Angst, deine Mitmenschen zu nerven oder herunterzuziehen, wenn du zu viel über deine Trauer redest. Doch sei dir bewusst, dass deine Familie und deine Freunde lieber deinen Sorgen lauschen, als dich auf Dauer unglücklich und verhärtet zu sehen.

Wenn du das Gefühl hast, es wird dir zu viel und du kannst deine Trauer alleine nicht mehr bewältigen, zögere nicht damit, einen Therapeuten aufzusuchen. In Krisenzeiten um Hilfe zu bitten, ist kein Zeichen von Schwäche! Sich verwundbar zu zeigen, ist nicht immer leicht, aber oft die einzige Chance, damit einem geholfen werden kann.

In vielen Städten und Gemeinden gibt es auch Trauerkreise oder sogenannte Trauercafés, in denen sich Trauernde untereinander austauschen und gegenseitig Beistand leisten können. Du musst also deine Trauer keinesfalls allein bewältigen.

Kapitel 13

Aufbruch

Das Alter eines Menschen ist eine statistische Fiktion. Ich kenne viele freudlose Dreißigjährige, die viel älter sind als wir.

Thornton Wilder

13.1 Vorbilder

Nimm dir aktive ältere Menschen zum Vorbild. Sieh dir an, was sie noch immer aus ihrem Leben machen und beginn dich aufs Alter zu freuen.

Alte Menschen wollen meist nicht mehr jung sein. Das ist doch eindeutiger Hinweis darauf, dass das Alter doch nicht so schlimm sein und auch viele schöne Seiten haben kann.

. . .

Übung

Denk an einen Menschen, der im fortgeschrittenen Lebensalter war/ist.

Was beeindruckt dich an ihm/ihr?

1.

2.

3.

Was kannst du von ihm/ihr lernen?

1.

2.

3.

Was an ihm/ihr dient dir als Vorbild?

1.

2.

3.

Was bewunderst du an ihm/ihr?

1.

2.

3.

13.2 Wohnen im Alter

Am wohlsten fühlen wir uns meistens in unserem eigenen Zuhause. Daran ändert sich auch im Alter nichts. In unseren Breiten lebt nur ein ganz geringer Prozentsatz der älteren Menschen in betreuten Wohn- oder Pflegeheimen. Alle anderen meistern ihren Alltag noch allein oder werden von Angehörigen oder professionellen Kräften gepflegt.

Wenn du in den eigenen vier Wänden bleiben möchtest, solltest du zeitgerecht einige Überlegungen anstellen. Sind Dusche und WC alters- und behindertengerecht? Gibt es einen Lift? Wie ist dein Wohnumfeld infrastrukturell ausgestattet? Benötigst du für alles ein Auto oder lassen sich die Dinge des täglichen Bedarfs auch zu Fuß besorgen? Gibt es zumindest einen Hausarzt und eine Apotheke in deiner Nähe?

Ist es überlegenswert, aus deinem Haus oder der großen Wohnung in eine kleinere zu ziehen, wenn du nicht mehr so viel Platz benötigst? Möchtest du dich noch einmal ganz neu einrichten? Hast du jemanden, der dir, wenn du es nicht mehr allein schaffst, den Rasen mäht und die Hecke schneidet?

Weißt du, wie du an professionelle mobile Pflege oder einen 24-Stunden-Pflegedienst kommst, solltest du einmal mehr Unterstützung benötigen? Wäre eine Senioren-WG eine attraktive Variante für dich? Oder hast du sogar das Glück und kommst bei einem Familienmitglied, mit dem du dich gut verstehst, unter, welches bereit ist, sich um dich zu kümmern?

Meist wird der Gedanke, eines Tages in einem Altenheim leben zu müssen, verdrängt. Bei genauerer Hinsicht wird aber schnell klar, dass es auch sehr gut geführte Heime gibt und die professionelle Pflege, die dort angeboten wird, viele Vorteile hat.

Besonders für Menschen, die keine Angehörigen (mehr) haben, die sich um sie kümmern können, sind betreute Wohnmöglichkeiten oft eine sichere und gute Variante, um im Alter zufrieden und glücklich leben zu können. Es gibt Kontaktmöglichkeiten mit anderen Menschen und wenn Probleme auftauchen, ist immer jemand verfügbar, der Hilfe leisten kann.

Ob dies nun in einem Altenheim geschieht oder in einer anderen Form des betreuten Wohnens, ist nicht so wichtig. Entscheidend ist, dass du dir die Einrichtung zu einer Zeit ansiehst, wo du noch eigenständige Entscheidungen treffen kannst.

13.3 Minimiere Risiken im eigenen Lebensumfeld

Selbst im fortgeschrittenen Alter können manche Menschen nicht widerstehen, auf Leitern zu steigen, das nasse Gras zu mähen oder große Fensterflächen zu putzen. Es ist klug, die Risiken richtig einzuschätzen, die damit verbunden sind und stattdessen besser Hilfe in Anspruch zu nehmen. So schützt du deine Gesundheit und die Verletzungsgefahr sinkt.

Trachte generell danach, die Risiken in deinem Haushalt zu verringern. Damit du nicht stolperst, solltest du Teppiche entfernen oder mit Klebebändern und Antirutschgittern fixieren. Wichtig ist auch eine gute Beleuchtung in deinem gesamten Wohnumfeld. Sturzfallen wie am Boden liegende Kabel solltest du unbedingt entfernen.

Auch eine behindertengerechte Einrichtung des Badezimmers mit einer schwellenlosen Dusche ohne Duschtasse und Haltegriffen beziehungsweise Sitzerhöhungen für die Toilette solltest du ins Auge fassen.

Im Alter steigt das Unfallrisiko beim Autofahren. Teste dich selbst an und überlege, ob es nicht verantwortungsbewusster ist, den Führerschein abzugeben und dich nicht mehr hinter den Fahrersitz zu begeben. Die Reaktionszeit nimmt ab, motorische Schwächen können Brems- und Lenkmanöver beeinträchtigen und auch das Seh- bzw. das Hörvermögen sind nicht mehr so wie bei jungen Menschen. Nimm lieber ein Taxi, bevor du andere gefährdest.

13.4 Aktiviere deine inneren und äußeren Ressourcen

Erinnere dich an Krisen, die du in der Vergangenheit bereits erfolgreich gemeistert hast. Auf welche deiner inneren Ressourcen konntest du damals zurückgreifen? Was hat dir besonders geholfen? Kannst du einige dieser Energien und Ressourcen wieder aktivieren und für die Bewältigung der gegenwärtigen Situation einsetzen?

. . .

Übung

Auch eine ABC-Liste, die dir dabei hilft herauszufinden, welche Potenziale du besitzt, die dir aus der Krise helfen können, kann unterstützen. Ein ABC deiner persönlichen Stärken kann etwa so aussehen:

A Ausdauer, Attraktivität,

B Beziehungsfähigkeit, Besonnenheit,

C Charakterstärke, Charisma,

D Durchhaltevermögen, Dankbarkeit, Dynamik,

E etc.

So stärkst du das Vertrauen in deine eigenen Fähigkeiten und Möglichkeiten. Du weißt, dass du negativen Situationen nicht hilflos ausgeliefert bist.

Suche auch den Rat anderer Menschen. Es hilft immer, wenn du auf die Unterstützung anderer baust und äußere Ressourcen nützen kannst. Ein soziales Netz aus familiären und außerfamiliären Unterstützungssystemen kann dabei sehr hilfreich sein. So fühlst du dich weniger allein und hilflos und den Gegebenheiten nicht so schutzlos ausgeliefert. Damit du einen Überblick über die dir zur Verfügung stehenden externen Ressourcen hast, ist es am besten, eine Liste anzufertigen. Überlege, wer dir wobei und womit helfen kann.

Übung

Begib dich an einen ruhigen Platz und schaffe eine angenehme Atmosphäre. Dann schreibe Möglichkeiten und Optionen zu folgendem Bereich auf:

Ein Problem, welches ich lösen möchte:

Wer hilft mir dabei?

1.

2.

3.

Was sind meine Ressourcen, um das Problem lösen zu können?

1.

2.

3.

Was behindert mich?

1.

2.

3.

Welche Strategien zur Erreichung meiner Pläne werde ich einsetzen?

1.

2.

3.

Wenn ich einen Blick in die Zukunft werfe, wie hat sich die Lösung des Problems positiv auf mein Leben ausgewirkt?

1.

2.

3.

13.5 Keine Angst vor der Technik und neuen Medien

Computer, Internet und Handy spielen eine immer wichtigere Rolle im Alltagsleben und tragen dazu bei, den sozialen Austausch zu erleichtern. Interessiere dich auch für die neuen Medien und technischen Entwicklungen, sie können dir viele schöne Stunden bescheren. Im Internet zu surfen und E-Mails zu versenden, kann man in jedem Lebensalter erlernen. Das neue Handy, der Saugroboter oder Bankgeschäfte über das Internet sind ab heute nichts mehr, was dir Angst einflößt, sondern Herausforderungen, die es zu meistern gilt.

Nimm dir die Zeit und lerne, wie man die Kamera auf deinem Smartphone bedient oder das neue Navigationsgerät in deinem Auto funktioniert. Lies die Gebrauchsanweisung durch oder google im Internet nach. Die Beschäftigung mit solchen Bereichen eröffnet dir ganz neue Welten und hält dich geistig superfit.

Wenn du dich nicht ohnehin schon gut dabei auskennst, frage am besten deine Kinder oder Enkelkinder. Vielleicht hast du auch nette Nachbarn oder Freunde, die dir bei deiner Reise in die virtuelle Welt hilfreich zur Seite stehen können. Zu vielen technischen Themen und dem Umgang mit den neuen Medien werden auch Kurse angeboten.

13.6 Geh offen durchs Leben

Bereichere dein Leben, indem du dich mit Freunden triffst, Einladungen zu dir nach Hause aussprichst, einen Stadtbummel machst oder gemeinsam mit deinen Bekannten einen Kinobesuch planst. Geh offen durchs Leben und sei dir stets bewusst, dass du auch im Alter noch so manches bewegen kannst. Es gibt genügend Beispiel in der Geschichte, die beweisen, was ältere Menschen alles geschafft bzw. geschaffen haben.

Joe Biden wurde mit fast 80 zum mächtigsten Mann der Welt und Julia Child war bereits über 50, als sie ihr erstes Kochbuch verfasste. Dies trifft auch auf Ray Kroc zu, der ebenfalls schon in den Fünfzigern war, als er Mc Donalds's zu einer Weltmarke machte. Harland Sanders war 62 Jahre alt, als er 1952 Kentucky Fried Chicken übernahm und Anna Mary Robertson Moses, besser bekannt als Oma Moses, startete mit ihrer Weltkarriere als Malerin mit stolzen 78 Jahren durch.

13.7 Gib dein Wissen weiter

Du hast dir im Laufe deines Lebens viele Fähigkeiten und eine Menge an Know-how angeeignet. Gibt es vielleicht eine Möglichkeit, dieses Wissen weiterzugeben? Vielleicht kannst du selbst Kurse anbieten. Frage bei Erwachsenenbildungsinstituten an, ob Interesse daran besteht. Falls du möchtest, kannst du auch eigene Webinare erstellen und sie im Internet anbieten.

Vielleicht hast du auch Freude daran, dich gesellschaftspolitisch zu engagieren oder bei Seniorenorganisationen mitzuarbeiten.

13.8 Bucket List

Im Rentenalter kann das Leben endlich so gelebt werden, wie wir es uns immer gewünscht haben. Doch bist du dir bewusst darüber, was du wirklich vom Leben möchtest? Wie sieht dein idealer Entwurf aus?

Übung

Notiere dir zehn Punkte, die für dich zu einem glücklichen Leben im Alter dazu gehören und was du unbedingt noch erleben möchtest.

In einem zweiten Schritt überlege dir, wie du diese auch in deiner Lebensrealität umsetzen kannst.

Wo möchtest du hinreisen?

1.

2.

3.

Was willst du noch lernen? Sprachen, Musikinstrumente, ein Studium beginnen?

1.

2.

3.

Mit welchen Hobbys willst du nun endlich beginnen?

1.

2.

3.

Was möchtest du noch an andere weitergeben?

1.

2.

3.

Welcher Lebenstraum ist noch immer unerfüllt geblieben?

1.

2.

3.

Was würdest du bereuen, nicht gemacht zu haben, wenn du einmal von dieser Welt gehst?

1.

2.

3.

Was soll der Nachwelt von dir erhalten bleiben? Gibt es das schon? Wenn nein, ab wann ist damit zu rechnen?

1.

2.

3.

Und vergiss nicht: Was immer hinter dir liegen mag, ist nicht so entscheidend, wie das, was noch vor dir liegt!

Kapitel 14

Zusammenfassung und Ausblicke

Alter ist Freiheit, Vernunft, Klarheit, Liebe.

Leo Tolstoi

Obwohl die verschiedenen Phasen des Lebens nicht per se glücklicher oder unglücklicher sind und es immer Zeiten der Freude, des Glücks, der Probleme und des Leids gibt, ist das Alter in unseren Breiten meist alles andere als positiv besetzt. Oft wird es assoziiert mit dem Verfall von Körper und Geist. Die Mobilität nimmt immer weiter ab, Seh- und Hörvermögen leiden und die Vergesslichkeit wird stärker.

Auch optisch ist der Alterungsprozess offensichtlich. Die Haut legt sich in Falten, die Haare werden schütter und oft ersetzen Prothesen die eigenen Zähne. Die Gespräche und Erzählungen drehen sich immer häufiger um Vergangenes und Begebenheiten von „damals". Dennoch ist das Alter viel besser als sein Ruf. Das beweisen viele einschlägige wissenschaftliche Studien und wohl auch die Tatsache, dass es kaum ältere Menschen gibt, die nochmals jung sein möchten.

Während vorangegangene Generationen noch an einst unheilbaren Krankheiten und chronischen Schmerzen zu leiden hatten, da damals heilende oder zumindest lindernde Medikamente unbekannt waren, haben wir heute das Glück, neue Medikamente und Heilungsansätze zur Verfügung zu haben.

Die Wahrscheinlichkeit für ein langes gesundes und glückliches Leben ist heute höher denn jemals zuvor. Wir leben nicht nur zusehends länger, sondern tun dies gesünder und aktiver.

Auch wenn wir nach heutigem Stand der wissenschaftlichen Forschung niemals ewig leben werden, wird sich unsere Lebenserwartung zumindest weiter steigern.

Wir sind auch Nutznießer des grandiosen technischen Fortschritts, der vieles einfacher und lebenswerter gemacht hat. In diesem Zusammenhang sind nicht nur alle Errungenschaften, die es ermöglichen, auch im Alter möglichst lange in den eigenen vier Wänden zu verbleiben wie Treppenlifte oder elektrische Rollstühle zu nennen, sondern auch Geräte, die uns das alltägliche Leben erleichtern wie Waschmaschinen oder Staubsauger.

Es geht nicht nur darum, dass wir uns alle ein möglichst langes Leben wünschen, sondern entscheidend ist auch, ob wir dieses glücklich und gesund erleben. Wir alle wollen auch im Alter unsere Lebensqualität beibehalten, ein aktives und selbständiges Leben führen und ohne große Beschwerde den Alltag genießen.

Noch hat die Wissenschaft keine verlässlichen Daten, die als Grundlage für ein langes Leben dienen können. Gene und Lebensstil spielen nachweislich eine wichtige Rolle für ein gesundes und glückliches Leben.

Dies macht uns in vieler Hinsicht mitverantwortlich für die Qualität unseres Lebens im höheren Alter. Übermäßiger Alkoholkonsum, zu viel Nikotin, ungesunde Ernährungsgewohnheiten und zu wenig Bewegung wirken sich immer nachteilig auf unsere Leben aus. Diabetes, Bluthochdruck, erhöhte Gefahr für Schlaganfälle und Herzinfarkte sind nur einige der drohenden Konsequenzen, die durch einen gesunden Lebensstil vermeidbar wären.

Wie wir selbst mit den altersbedingten Veränderungen umgehen, beeinflusst unser Altern. Menschen, die ein positives Selbstbild haben, bleiben körperlich fitter und aktiver und pflegen soziale Kontakte in einem höheren Ausmaß als jene, die eher eine negative Wahrnehmung von sich selbst haben.

- Wie ernährst du dich? Abwechslungsreich und ausgeglichen oder eher mit Fast Food und Fertiggerichten aus dem Tiefkühlregal?
- Achtest du auf ausreichend Bewegung? Betreibst du regelmäßig Sport? Oder bringt die Suche nach der Fernbedienung für den Fernsehapparat schon außer Atem?
- Fühlst du dich seelisch ausgeglichen?

- Hast du das Gefühl, dass du geistig nach wie vor richtig jugendlich bist und freust du dich darauf, Neues zu lernen?
- Achtest du auf ausreichend Schlaf und Ruhepausen, wenn dir danach ist?

Um möglichst lange fit und gesund zu bleiben, solltest du darauf achten, dass du täglich Obst, Salat, Vollkornprodukte, Proteine und Gemüse isst, häufiger Fisch und seltener Fleisch. Vitamine, Spurenelemente und Mineralstoffe sind vor allen Dingen in frischem Gemüse und Obst vorhanden. Diese binden freie Radikale und helfen so mit, den Alterungsprozess zu verlangsamen.

Verwende Oliven- oder Rapsöl und vermeide Alkohol, da dieser sehr viele Kalorien hat. Am besten trinkst du Wasser oder ungezuckerten Tee und davon mindestens zwei Liter pro Tag. Sei sparsam bei Süßigkeiten, Kuchen und Torten, aber auch bei salzigem Knabbergebäck. Versuche, dich abwechslungsreich und ballaststoffhaltig, aber zucker- und fettarm zu ernähren. Auch Omega-3-Fettsäuren, die in Nüssen, Fisch und Leinsamen enthalten sind, sind sehr wichtig für den Körper und helfen zudem deiner Haut, jugendlich auszusehen.

Im Alter können wir unseren Hobbys nachgehen, bis mittags im Bett bleiben, den Stress hinter uns lassen und viel Zeit mit der Familie und lieben Freunden verbringen. Das klingt doch gut, oder? Auf jeden Fall wesentlich besser als das, was wir oft mit einem fortgeschrittenen Lebensalter assoziieren.

Also warum nicht das Hier und Jetzt voll und ganz genießen? Wann, wenn nicht in diesem Augenblick können wir genau das tun?

Auch im Alter wird es Zeiten geben, in denen Dinge passieren, die wir weder beeinflussen noch vermeiden können. Der Tod des Partners, aber auch eine (späte) Trennung oder Scheidung führen dazu, dass viele im Alter alleinstehend sind. Es fehlt ihnen eine wichtige Unterstützungs- und Bezugsperson. Es ist allerdings durchaus möglich, auch im fortgeschrittenen Alter noch einmal einen neuen Lebenspartner zu finden.

Unser natürlicher körperlicher Verfall wird voranschreiten und natürlich können Krankheiten, Unfälle oder sogar Pflegebedürftigkeit drohen. Unser Leben kann sich von einer Sekunde auf die andere vollkommen verändern und es kann passieren, dass wir plötzlich auf Hilfe angewiesen sind. Je älter wir werden, umso wahrscheinlicher ist dies auch.

Dies ist ein ganz natürlicher Prozess und sollte uns einerseits dankbar machen, für all die glücklichen Phasen unseres Lebens, in denen wir noch eigenständig unser Dasein gestalten können und andererseits dankbar für die Unterstützung, die uns durch andere zuteil wird, wenn wir sie letztendlich benötigen sollten.

Dennoch sollten wir uns nicht in Furcht und Schrecken verlieren, sondern positiv und optimistisch bleiben. Es ist unsere Entscheidung, wie wir mit diesen Herausforderungen umgehen und sie letztlich auch bewältigen. Mit all dem, was wir nicht ändern können, sollten wir lernen, uns langsam abzufinden und uns darüber freuen, was noch ohne Probleme möglich ist. Richten wir zugleich auch unseren Blick darauf, was wir im Alter gewinnen.

Das letzte Drittel des Lebens kann so zur schönsten Phase unseres gesamten Daseins werden. Wir müssen sie nur mit der richtigen Haltung und Einstellung genießen lernen!

Wie du siehst, steht dir eine aufregende Zeit voller Veränderungen und neuen Herausforderungen bevor. Vielleicht hast du ohnehin einen positiven Blick auf das Alter und kannst ihm mit einem Lächeln auf den Lippen entgegengehen. Wichtig ist, dass du dir wirklich Zeit dafür nimmst, dich auf die Veränderungen einzustellen und den Lauf des Lebens so zu akzeptieren, wie er eben ist.

Gerade jetzt hast du die Chance, noch einmal Neues auszuprobieren, deine Zeit mit deiner Familie und deinen Liebsten zu verbringen und dir ausreichend Freiraum für dich selbst zu nehmen. Sei dankbar für all die kleinen Dinge, die dein Leben bereichern oder bereichert haben und nimm neue Herausforderungen gelassen an.

Begleiche offene Rechnungen und sprich Entschuldigungen aus, auf die andere berechtigt warten. Auch Streitigkeiten solltest du beilegen. Finde deinen Frieden und lasse nichts unerledigt zurück, denn so kannst dann, wenn es einmal soweit ist, leichter mit dem Leben abschließen und im Guten gehen. Gib auch all jenen, die dir wichtig sind, die Gelegenheit, mir dir zu sprechen und sich mit dir auszusöhnen.

Wenn du zurückblickst, tu das ohne Wehmut und Reue!

Ziehe Kraft aus positiven Erinnerungen, ohne dabei allzu sehr in der Vergangenheit zu leben. Wichtig ist, dass du im Hier und Jetzt bist. Dennoch kann Erlebtes auch Kraft spenden und Sicherheit vermitteln. Was du schon einmal gemeistert hast, wird auch in

Zukunft kein unlösbares Problem mehr darstellen. Vergangenes kann auch Freude und Stolz bereiten auf das, was du an Schönem, an Liebe, an Freundschaften erlebt und an Erfolgen erreicht hast.

Was immer dein nächster Geburtstag über dein chronologisches Alter aussagt, vergiss es! Viel wichtiger ist dein subjektives Alter, also jenes, das du dir selbst zuordnest. Du bist siebzig, fühlst dich aber wie fünfzig? Dann verhalte dich entsprechend und schreite energiegeladen und voll Tatendrang durchs Leben.

1. Auflage

Consult Verlag
Ragnitzstraße 119
A-8047 Graz
Österreich

Printed in Poland
by Amazon Fulfillment
Poland Sp. z o.o., Wrocław

85789644R00120